묵자

사랑과 평화의 철학

차례
Contents

들어가며

세상 사람들이 모두 더불어 사랑한다면 힘이 센 나라가 힘이 약한 나라가 가진 것을 빼앗지 않을 것이며, 다수의 무리가 소수가 가진 것을 강압적으로 빼앗지 않을 것이다. 또 부자가 가난한 사람들을 업신여기지 않으며, 귀한 사람들은 천한 사람들에게 오만하게 굴지 않고, 간사한 사람들은 순박한 사람들을 속이지 않게 될 것이다. 세상의 재앙과 찬탈과 억울함이 생기지 않게 하려면 서로 사랑해야 한다. 그래서 훌륭한 사람들은 겸애(兼愛)를 찬미한다.

                      -『묵자(墨子)』「겸애중(兼愛中)」

묵자는 그가 주장하는 겸애가 현실 사회에서 실질적인 복리로 실현되기를 바라면서 묵가 집단을 조직해 헌신적으로 세상을 뛰어다녔다. 그는 철저하게 약소국과 약자와 서민의 편에 서서 강대국과 권력자, 이기적인 부자들에게 지금 당장 힘으로 돕고, 올바르게 교육하고, 재물을 나눌 것을 논리적으로 설득하기도 하고 종교적으로 위협하기도 한다.

세계사상사 중 고대에 묵자만큼 이렇게 사랑을 강조한 사람은 없을 것이다. 묵자가 창시한 묵가(墨家)는 2백 년이라는 짧은 기간 동안 유행했지만, 중국 고대에서는 유가(儒家)와 함께 양대 학파로 불리기도 한 주류학파였다.

중국의 사상가인 량치차오(梁啓超)는 묵자를 가리켜 "큰 마르크스요, 작은 예수"라고 했으며 마오쩌둥(毛澤東)은 "묵자는 노동자였지만 공자보다 더 훌륭한 성인이었으며, 인문학과 과학기술에 모두 능통한 백과전서식의 평민 성인"이라고 했다. 묵자는 '겸애'라는 사회윤리로 기층 민중에 대한 분배를 주장하고, 근로와 과학기술의 중시 및 인구증대로 경제성장을 꿈꾸었다. 분배와 성장을 동시에 추구했으나 굳이 순서를 말하자면 분배가 우선이기에 진보적인 성향이 강했다고 볼 수 있다.

최근의 중국 정부는 개혁개방 정책을 추진하면서 야기된 빈부격차, 민족갈등 등의 사회적 문제를 해소하기 위해 "화해사회(和諧社會)를 건설하자"는 정치적 구호를 강조하고 있다. '더불어 사랑하고 서로 이익을 나누자'는 묵자의 겸애사상이 조화로운 사회, 곧 화해사회의 건설이념이 된다. 필자도 발표자로 참가했던 2008년 산둥성(山東省) '묵학국제학술대회'의 주제도 '화해사회'였다. 오늘의 중국 정부가 필요로 하는 보편적인 사랑과 과학정신, 군사기술의 이념 등이 모두 담겨 있는 묵학의 진흥을 위해 노력하는 모습이라 할 수 있다.

우리나라는 조선조 5백 년 동안 유학이 정치·사회 등 모든 분야의 이데올로기로 작용했다. 그래서 맹자에 의해 '애비도 모르는 금수와 같은 존재'로 비판당한 바 있는 묵자를 연구한다는 것은 감히 엄두내지 못할 일이었다. 다만 다산 정약용이 '묵학도 의미 있는 학문'이라 말한 바 있고, 그의 사상과 묵학이 어느 정도 상통하는 것으로 보인다. 다산 외에 박은식 등 몇몇 학자들도 어느 정도 묵학의 영향을 받았을 것으로 추측한다.

묵자의 생애와 시대적 배경

묵자는 성이 '묵(墨)'이고 이름은 '적(翟)'이다. 그의 생애에 대해서는 역사적 기록이 많지 않아 자세한 것을 알기는 어렵다. 중국의 역사학자 첸무(錢穆)는 묵자가 기원전 479년경에 태어나 381년경에 세상을 떠난 것으로 보았고, 최근까지 '중국묵자학회'를 이끌어 온 런지위(任繼愈)는 묵자의 생졸연대를 기원전 480~420년경으로 보았다. 『묵자』를 비롯한 여러 자료를 종합적으로 고려해 보면 묵자가 묵가를 창시해 활동한 시기는 기원전 450~390년경으로 보인다. 공자가 죽은 때가 기원전 479년, 맹자가 태어난 때가 기원전 372년이라고 하므로 묵자는 공자와 맹자 사이에 활약한 사상가임에는 틀림없다.

묵자가 태어난 나라는 어디인가에 대해서도 여러 가지 설이 있지만, 최근 유력한 것은 노(魯)나라의 '등(滕)'이라는 곳으로 지금의 산둥성 등주시(滕州市) 근교에 해당한다. 등은 공자의 출생지인 추(陬)와 맹자의 출생지인 추(鄒)와도 가까운 곳으로 『묵자』나 『맹자』를 통해 묵자와 그 제자들의 집단이 유가의 집단과 서로 논쟁하고 교류하는 모습을 볼 수 있다.

묵자가 나고 자란 추로(鄒魯) 지방은 사수(泗水)의 양안(兩岸)이라 물산이 풍족하고 수륙교통이 편리해 옛날부터 경제 문화가 발달한 곳이다. 그곳 사람들은 학술을 즐기고 기예를 좋아했다. 이러한 환경과 풍속의 영향으로 묵자는 과학기술의 지식이 뛰어났을 뿐만 아니라 유학을 공부하고 역사 문헌을 많이 읽어 학식이 풍부했다. 후에 그는 수공업을 하는 계층에서 벗어나 일반 서민들보다는 높은 계층인 사(士)의 반열에 들어갔다. 그는 스스로 "나는 위로는 임금을 받들어야 할 일도 없고, 아래로는 밭 갈고 농사짓는 어려움도 없다"[1]고 말했는데, 이를 봐서도 그가 벼슬을 하지는 않았지만 농부도 아닌 중간 계층임을 알 수 있다.

묵자의 출신 계층에 대해서는 '묵'이라는 성과 관련해 전과자라는 설, 그의 군사 사상과 관련해 무사라는 설, 기술자 집단을 이끄는 공장(工匠)이라는 설 등이 있으나 모두 분명한 근거가 없는 주장들이다. 묵자는 무학, 문맹의 농부와는 달리 고전에 대한 교양이 풍부한 지식인으로 보인다.

묵자는 공자의 사상을 공부했으나 점차 유가의 학설에 불만을 가지게 되어 자기의 학설을 체계화하는 한편 엄밀한 학파로서의 묵가를 창립했다. 그는 공개적으로 유가의 학설을 비판함으로써 유학의 반대파가 되었다. 그는 교육에 종사하면서 유세 활동을 계속했다. 그의 문도들은 대부분 수공업자들이었는데 교육의 내용은 그의 사회정치사상과 철학사상, 도덕관념, 과학이론과 기술방법 등이었다.

묵자가 살아 있을 때는 제후들이 서로 다투어 천하가 요동치던 불안한 시대였다. 따라서 묵자는 분쟁을 제지하고 평화를 유지하는 것을 자신의 주요 임무로 삼았다. 그는 한 곳에 오래 머물지 않고 사방으로 바쁘게 다니면서 자신의 학설을 적극적으로 선전했다. 그래서 '묵자가 사는 집의 굴뚝은 검어질 여가가 없었다'[2]는 말이 전해오는 것이다.

유가의 인물들과 마찬가지로 묵자도 요·순·우·탕·문·무 등의 성왕을 숭상했으며, 특히 하(夏)나라의 우(禹)왕을 존숭해 그의 실천정신과 희생정신을 따르려 노력했다. 그는 장자가 "살아서는 죽도록 일만 하고, 죽어서도 간소한 장례로 박대를 받게 되니 그들의 도는 너무 각박했다"[3]고 말하듯 검소하게 살면서도 헌신적으로 자신의 주장과 이상을 실천하기 위해 노력했다. 그는 하층 노동자들의 생존을 위하고, 그들의 빈곤과 억압의 고통을 해결하거나 줄이기 위해 심혈을 기울였다. 또 학파의 이상 실현과 제자 육성 및 자신의 주장을 선전하기 위해 죽을 때까지 뛰어다녔다.[4] 맹자가 금수와 같은 존재라고 묵자를 욕하면서도 "머리끝에서 발뒤꿈치까지 온몸이 다 닳도록 천하를 이롭게 하기 위해 노력했다"[5]고 칭찬하는 걸 보면 천하를 위한 묵자의 희생정신이 어떠했는가를 짐작할 수 있다.

묵자는 사상가이면서도 논리학자이고 군사전문가였다. 『묵자』의 한 부분인 『묵경(墨經)』이 쓰인 것은 후기 묵가에 의해서지만 이 안에 들어 있는 기본사상은 묵자로부터 온 것이다. 그리고 성을 수비하기 위한 '성수(城守)'의 여러 편에는 묵자의 탁월한 군사적 식견이 표현되어 있다. 묵자는 또 뛰어난 과학기술자로 군사무기를 발명하기도 했고, 기하학·광학·역학 등에 관한 창의적인 이론을 내놓았다. 중국과학사의 권위자인 영국의 조셉 니담(Joseph Needham)이 『묵자』를 읽고 감동해 중국과학사를 연구하게 되었다는 일화는 유명하다.

『묵자』에 따르면 묵자의 제자는 300명이라고 나와 있으나 이것이 전부는 아닌 것으로 보인다. 그의 제자 중에는 각국에 나가 관리가 되거나 유세를 하고 다닌 사람들도 많았기 때문이다. 『여씨춘추(呂氏春秋)』에 "공자와 묵자의 제자들이 천하에 가득 차 있어 그 수를 셀 수 없을 정도이다"[6]라고 한 것을 보면 그의 학술적인 영향이 얼마나 대단했는지를 짐작할 수 있다. 한때 유가와 함께 2대 학파로 가장 활발한 학술 활동을 전개한 묵가는 진한(秦漢)대에 들어와 200여 년의 번영을 마감하고, 중국사상사에서 자취를 감추게 된다. 그 후 2천 년이 지난 청대에 다시 등장하게 되지만 묵가의 쇠퇴 원인에 대해서는 아직까지도 학설이 분분하다.

묵가와 유가를 비교해 보면 조직제도나 구성원에 있어서 큰 차이를 보인다. 유가가 엄격한 조직제도를 갖지 않고 제자들도 대부분 예악(禮樂), 문교(文敎)에 종사한 것에 비해 묵가의 조직제도는 비교적 엄격하고 대단한 결속력을 가지고 있었다. 그 조직에는 '거자(鉅子)'라는 리더가 있었는데 묵자(墨者)들은 그를 성인처럼 받들면서 그의 지휘에 따라 일체의 행동을 감행했다. 묵자의 제자들은 대부분 용사들로 구성되어 있었는데, 이들은 보통 무사들과 달리 억강부약(抑强扶弱)의 필요가 있을 때 고도의 전투력을 갖춘 의용군이 되어 약소국을 도와 싸웠다. 묵자의 인격에 끌려 그의 제자가 되고 그들에 의해 조직된 묵문집단(墨門集團)의 성격은 『묵자』에 뚜렷이 드러나 있지는 않으나, 종교성을 띤 국제평화유지단체로 생각된다. 그들은 강학(講學)을 중시하면서도 기율이 엄격했다.

묵자가 살던 시대는 중국 역사상 보기 드문 격변의 시대였다. 이러한 변화는 봉건체제의 붕괴로부터 시작된다. 춘추시대에 시작된 봉건제의 붕괴는 전국시대에 와서는 수습이 불가능했다. 이 시대에 두드러진 두 가지 현상은 계급의 파괴와 제후들의 겸병(兼幷)전쟁이었다. 주(周)의 평왕(平王)이 동천한 이후, 권력은 더욱 약해져 제후들은 예제를 지키지 않고 스스로 왕으로 칭하곤 했다. 제후들은 천자를 참월(僭越)하고, 경대부들은 제후를 참월했으며 심지어 가신들조차 경대부를 참월했다. 이렇게 계급조직 하나하나가 파괴되어 가는 국면을 본 귀족 출신의 공자는 주나라의 문화를 바로 잡으려 애썼으나, 평민 출신의 묵자는 유학을 배웠음에도 불구하고 주제(周制)의 부흥에는 관심이 없었다. 그는 사회개혁을 부르짖으며 봉건사회가 해체되어 평등하고 합리적인 사회가 하루 빨리 출현하기를 바랐다.

『묵자』라는 책에 대해

 『묵자』는 묵자를 중심으로 한 묵가 학파의 저작집으로 정치·경제·윤리·철학·군사에서부터 자연과학·논리학 등을 포함해 종합적인 학술사상을 체계화한 것이다. 『묵자』는 선진(先秦) 시대 다른 제자(諸子)들의 저술과 마찬가지로 한 사람에 의해 일시에 이루어진 것이 아니라 오랜 기간에 걸쳐 묵가의 학설을 모은 것이다. 그러나 기본적으로는 묵가를 창시한 묵자의 사상을 반영하고 있다.

 『묵자』의 텍스트는 중국에서 가장 오래된 도서 목록인 『한서(漢書)』「예문지」에 '묵자 71편'으로 기록되어 있으나 지금은 53편만 전한다. 현재 남아 있는 53편의 구성을 후스(胡

適) 등 근대 학자들의 분류 방법에 따라 구분해 보면 다음과
같다.

첫째 부류

「친사(親士)」「수신(修身)」「소염(所染)」「법의(法儀)」「칠환(七
患)」「사과(辭過)」「삼변(三辯)」 등의 7편은 묵가의 잡론집이다.
묵가 사상으로서의 특색은 없고, 유가를 비롯한 다른 사상이
섞여 들어간 흔적이 보인다. 첫 3편은 편명의 주제에 관해 논
한 것이고, 「법의」「칠환」「사과」 3편은 묵자의 제자들의 저작
으로 보이며, 「삼변」은 「비악(非樂)」 상편의 증보로 여겨진다.

둘째 부류

「상현(尙賢)」 상·중·하, 「상동(尙同)」 상·중·하, 「겸애(兼愛)」
상·중·하, 「비공(非攻)」 상·중·하, 「절용(節用)」 상·중, 「절장
(節葬)」 하, 「천지(天志)」 상·중·하, 「명귀(明鬼)」 하, 「비악(非
樂)」 상, 「비명(非命)」 상·중, 「비유(非儒)」 하편 등 총 23편은
『묵자』의 중심 부분으로 묵가 사상을 알 수 있는 가장 중요
한 내용들이 들어 있다. 제목마다 각 3편씩으로 되어 있으나
내용은 대동소이하다. 이는 묵가가 성립된 시기의 차이 때문
인 것으로 보인다.

셋째 부류

「경(經)」상·하, 「경설(經說)」상·하, 「대취(大取)」, 「소취(小取)」의 6편은 '묵경(墨經)' 혹은 '묵변(墨辯)'이라 부르기도 한다. 여기에는 윤리·정치·경제뿐만 아니라 논리학·기하학·광학·역학 등에 관한 것도 언급되어 있다. 이 부분은 묵자의 학설이 아니라는 주장도 있는데, 대체로 묵자의 후학들에 의해 작성된 것으로 보인다.

넷째 부류

「경주(耕柱)」「귀의(貴義)」「공맹(公孟)」「노문(魯問)」「공수(公輸)」등 5편은 묵자의 후학들이 묵자의 언행을 모아 기록한 것으로 체제는 『논어』와 비슷하다. 마지막의 「공수」편은 앞의 네 편과 체제를 달리해 전체가 묵자의 겸애와 비공의 이론을 실천적으로 보여주는 하나의 이야기로 되어 있다.

다섯째 부류

「비성문(備城門)」「비고림(備高臨)」「비제(備梯)」「비수(備水)」「비돌(備突)」「비혈(備穴)」「비아부(備蛾傅)」「영적사(迎敵祠)」「기치(旗幟)」「호령(號令)」「잡수(雜守)」등 11편은 성(城)을 지키고 적을 막는 방법을 기록한 묵자의 병서(兵書)라 할 수 있다. 이 부류에 대해 후스는 철학과 그리 관계가 없는 것으로 말하고 있으나 역시 당시의 생활상과 묵가 사상을 이해하는 데 필요한 자료임에는 틀림없다. 다만 유실된 부분이 많아 의사 전달이 잘되지 않으며 해석에 있어 난해한 부분들이 많다. 이렇게 구성된 『묵자』 53편을 통해 묵자와 묵가의 사상을 알 수 있다.

『묵자』에는 다른 학파에서는 유례를 찾아볼 수 없는 특이한 10개의 주요 주장이 있는데, 이를 '10론'이라고 한다. 『묵자』의 편장으로는 「상현」 「상동」 「겸애」 「비공」 「절용」 「절장」 「천지」 「명귀」 「비악」 「비명」의 각각 상·중·하 30편이 이 10론에 해당하는데 지금은 22편만 남아 있다.

유가에 대한 비판

묵자는 유가를 비판함으로써 그 모습을 드러냈다고 할 수 있다. 이는 『회남자(淮南子)』에서의 다음과 같은 말을 통해서도 충분히 알 수 있다.

묵자는 유가의 학문을 배웠고 공자의 사상을 받아들였다. 그러나 묵자는 유가의 예(禮)가 너무나 번잡하게 생각되어 좋아하지 않았다. 장례를 후하게 지내는 것은 재물을 너무 소비해 백성들이 가난하게 되고, 오래도록 상복을 입는 것은 건강을 해치고 일에 방해가 된다고 여겼기 때문에 주(周)나라의 문화를 물리치고 하(夏)나라의 문화를 따랐다.[7]

유가의 풍격이 비교적 중용을 취하면서도 인문정신에 편중되어 있다고 한다면 묵자의 성격은 적극적이고 진취적인 협의(俠義)의 풍모를 갖추고 있으며, 그 학설 역시 실제적이고 공리적인 면을 강조하고 있음을 볼 수 있다. 유가의 보수성에 동화될 수 없기에 묵자의 비유사상이 나오게 마련인 것이다. 기본적으로 말한다면 묵자가 외적인 효과를 중시하는데 비해 유가는 내적인 덕성을 중시하기에 이미 서로 다른 것이며, 묵자의 출신이 평민 계층이기에 문화 도덕에 대한 이해가 유가만큼 깊지 못했던 것이다.

또 유가가 주(周)의 문화와 예악을 부흥시키는 데 뜻을 두고 있는 반면, 묵자는 구세(救世)에의 피 끓는 열망으로 혼란한 세상을 개혁하는 데 적극 참여한 것이다. 묵자가 살았던 춘추 말에서 전국 초는 사회가 더욱 혼란해 침략전쟁이 빈번했다. 그러다 보니 공자가 내세운 '덕으로써 인도해 주고, 예로써 다스리는'[8] 도덕적 정치이념으로는 정치·사회 질서를 회복하기가 어려웠다. 이에 묵자는 당시의 병폐를 고치기 위한 학설을 내놓고, 신랄하게 유가를 비판한 것이다.

묵자는 유가의 이념에는 나라를 망칠만한 네 가지 정책(四政)이 있다고 말한다. 그것은 첫째, 하늘과 귀신의 존재와 작용을 믿지 않는 것. 둘째, 장례를 후하게 하고 상기(喪期)를 오래 하는 것. 셋째, 악기를 연주하고 노래하고 춤추면서 음

악을 즐기는 것. 넷째, 운명이 있다고 믿는 것이다.[9]

묵자는 '사정'이 사회를 해롭게 하고 천하를 망치는 것이라 확신하고 비판한 것이다. 그러면서 이 네 가지 병폐를 고칠 수 있는 방안을 제시한다. '천지' '명귀' '절장' '비악' '비명'의 주장이 그것이다. '사정'을 포함해 묵자가 유가에 대해 비판하는 사상은 다음과 같이 몇 가지로 요약해 볼 수 있다.

첫째, 유가의 비생산적인 성격에 대한 비판이다. 묵자는 말하기를 "유자들은 예악을 번거롭게 꾸며 사람들을 음탕하고 어지럽게 하고, 오랜 상기 동안 거짓 슬퍼함으로써 부모를 속인다. 운명을 믿어 가난에 빠져 있으면서도 고상한 척하고, 잘난 체하고, 근본을 어기고 할 일은 버리고서 태만하게 편안히 지내며, 먹고 마시기를 탐하면서 일을 하는 것은 게으르다. 그래서 굶주림과 헐벗음에 빠지고 얼어 죽거나 굶어 죽을 위험에 놓여 있으면서도 이를 벗어날 수가 없다"[10]고 한다. 그러면서 묵자는 부잣집에 초상이 나기를 기다리며 일하지 않고 게으르게 사는 유자들을 가리켜 "거지와 두더지, 숫양, 멧돼지와 같다"고 공격한다.[11] 『묵자』의 다른 편에서는 묵자가 유자들을 이렇게까지 극렬하게 비판하는 대목을 찾아볼 수 없다.

둘째, 유가의 형식주의에 대한 비판이다. 유자들은 말하기를 "군자는 반드시 옛 의복을 입고, 예스런 말을 써야만 인자

(仁者)라 할 수 있다"[12]고 한다. 이에 대해 묵자는 반문하기를 "이른바 옛 말, 옛 의복이라고 하는 것도 오늘날에 와서 옛것이 된 것이지, 처음에는 모두 새것이었다. 이렇게 보면 옛 사람이 입었던 의복과 옛 사람이 사용했던 말은 모두가 새로운 것이었으니 옛 사람은 모두 군자가 아니었던 말인가? 그렇다면 의복은 반드시 군자의 의복이 아니요, 말 또한 군자의 말이 아니어야만 비로소 어진 사람이라는 것인가?"[13]라고 한다.

유가는 예악을 중시해 당연히 복장이나 형식을 중요하게 생각한다. 그러나 묵자는 하는 일을 중시해 형식주의를 배척한다. 따라서 군자가 되고 안 됨에 있어 복장이나 언어가 아무런 영향을 미치지 않는다고 주장하면서 뚜렷한 근거도 없는 유가의 형식주의를 비판한 것이다.

셋째, 유가의 '술이부작(述而不作)'에 대한 비판이다. 유자인 공맹자(公孟子)가 말하기를 "군자는 창작하지 않고 옛것을 계승할 뿐입니다"[14]라고 하니 묵자가 이에 대해 "옛날의 훌륭한 것은 계승하고, 지금 필요하고 좋은 것은 창작해야 좋은 것이 더욱 많아진다"[15]고 반박한다. 공자는 "옛 것을 배워 권하기는 하되 창작하지는 않으며, 옛 것을 믿고 좋아하니 속으로 나를 노팽(老彭)에 비기는 바이다"[16]라고 했다. 이를 보면 공자는 전통을 고집한 보수주의자였음에 틀림없다. 이에 비해 묵자는 『시(詩)』와 『서(書)』의 교육을 받은 인물로서 형식적인 예와 악을 반대할 뿐 『시』와 『서』에 대해서는 이것들을 자주 인용하고, "옛 성왕의 사적(事蹟)에 근본을 둔다"고 하여 옛 것을 숭상하면서도 현재 백성들의 이목을 중시한다. 그리고 그것으로 문제를 찾아내 개선하고, 마지막으로 실용화하려 한다. 이는 곧 '술이차작(述而且作)'이라 할 수 있다.

묵자는 유자들이 "군자는 옛 사람의 뒤를 쫓을 뿐 창작하지는 않는다(君子循而不作)"고 말한 데 대해, 활이나 배, 수레를 처음 만든 사람들이 모두 소인이라면, 그 발명자들의 뒤를 쫓아 지금 그것들을 만들고 있는 사람들도 모두 소인이라며 논리적으로 반박한다.

넷째, 유가의 수동적 태도에 대한 비판이다. 공자는 말하기를 "발분하지 않으면 계도해 주지 않고 답답해하지 않으면 일러주지 않는다"[17]고 했다. 그러나 묵자는 유가의 이러한 수동적이고 소극적인 태도를 비판한다. 즉, 공맹자가 묵자에게 "군자는 자기를 건사하고 기다리다가 물으면 말을 하고, 묻지 않으면 가만히 있는 것입니다. 비유하자면 종과 같은 것이니 두드리면 울리고, 두드리지 않으면 울리지 않는 것입니다"[18]라고 말한 것에 대해, 임금이나 부모가 "좋은 일을 하면 칭찬하고, 허물이 있을 때는 잘못을 고치도록 직언하는 것이 어진 사람의 도리"[19]라고 말한다. 묵자는 이러한 적극적이고 능동적인 태도가 임금이나 부모를 이롭게 한다는 것이다.

이상에서 묵자는 유가의 공리적인 면이 부족함을 지적한다. 그리고 유가가 도덕적인 예와 악을 지나치게 강조하는 반면, 경험적인 지식은 경시하는 태도, 즉 이지적 태도의 결핍을 지적하고 비판한다. 또 유가는 이상을 설정해놓기는 했지만 그 이상에 접근하는 방법에는 비교적 소홀하다는 것이다. 정리하면, 묵자는 이지적이고 진보적인 실용주의 원칙에 입각해 유가를 비판한 것이라 볼 수 있다.

차별 없는 사랑과 침략전쟁 반대

2007년 1월, 홍콩의 차세대 감독 장지량(張之亮)이 연출을 맡고, 배우 유덕화와 안성기, 아이돌 그룹 슈퍼주니어의 멤버인 최시원이 주연을 맡은 영화 '묵공(墨攻)'이 개봉된 바 있다. '묵공'은 우리나라와 홍콩, 일본의 제작진과 배우들이 손을 잡고 일본 소학상 수상작이자 베스트셀러인 모리 히데키(森秀樹)의 동명 만화를 영화화한 작품이다. 영화 '묵공'은 특히 전략과 전술을 이용한 전쟁에 초점을 맞추고, 각종 병법과 장비들을 동원해 실감나는 전투 장면을 연출했다. 그러나 '묵공'의 메시지는 '평화, 사랑, 반전'이라는 장지량 감독의 말처럼 이 영화는 평화를 지키기 위해 전쟁에 뛰어든 혁리(革

離)의 묵가사상을 내세워 휴머니즘적인 시각을 강조했다.

묵자를 창시자로 한 묵가가 활동했던 전국시대는 열국의 찬탈과 살육, 공격과 정벌이 극심했으며 그 피해 또한 막대했다. 이 시대의 많은 사상가들이 전쟁 방지를 위한 평화사상을 내세우고 있지만, 그 이론이 그리 체계적이지도 않고 실효성도 없는 것들이었다. 평민 출신인 묵자는 전쟁으로 인한 평민들의 고통과 피해를 실감해 '전쟁 방지'가 그의 가장 큰 과제였다. 묵자는 전쟁을 종식시키고 복지사회로 가기 위한 '겸애론', 현실적인 전쟁을 막기 위한 '비공론'을 내놓고 그 이론을 실천한 평화사상가였다.

혼란을 초래하는 차별적 사랑

묵자는 중국 역사상 가장 혼란스러운 시대를 살면서 참혹한 전쟁과 비윤리적인 사회를 직접 목격하고 어떻게 하면 이 혼란을 막고 평화로운 세상을 만들 수 있을까에 대해 생각한다. 그는 마치 의사가 환자를 치료하기 전에 원인을 알기 위해 진찰부터 하는 것처럼 이 혼란을 다스리기 위해서는 먼저 혼란의 원인을 밝히는 것이 중요하다고 말한다.

아버지는 자신은 아끼면서 자식은 사랑하지 않는다. 그

러므로 자식을 이지러뜨리고 자신을 이롭게 하는 것이다. 형은 자신은 아끼면서 동생은 사랑하지 않는다. 그래서 동생을 이지러뜨리고 자신을 이롭게 한다. 임금은 자신은 아끼면서도 신하는 사랑하지 않는다. 그래서 신하를 이지러뜨리고 자신을 이롭게 하는 것이다. 이것들은 모두 무엇 때문인가? 모두가 서로 사랑하지 않는 데서 일어나는 것이다.[20]

묵자는 전쟁과 찬탈, 도둑질로 서로 뺏고 해치는 것뿐만 아니라 권력이나 부, 지식을 가진 계층이 그렇지 못한 계층을 억누르고 기만하며 귀족 계층이 비천한 자들에게 오만하게 거드름을 피우는 것까지 모두 세상을 크게 해치는 일이라고 말한다. 이러한 비인간적인 현상이 일어나게 되는 원인은 개인이나 사회, 국가의 각 계층이 각기 자기 자신이나 그들이 소속된 집단 및 계층만 아끼고 사랑하고 이롭게 하려할 뿐 다른 사람이나 다른 집단, 다른 계층은 차별해 멸시하거나 해치려는 이기심 때문이라는 것이다. 따라서 세상의 혼란을 바로잡기 위해서는 남을 배려하고 남을 위해 나를 희생하는 '겸애'의 사상이 필요하게 된 것이다.

보편적, 평등적 사랑

묵자의 사상에 있어서는 하늘을 공경하고 따르는 곳에 최고의 도덕이 있기에 세상의 혼란을 바로잡기 위해서는 하늘의 뜻(天志)에 따라 서로 사랑해야 한다. 그러나 겸애가 천지에 그 바탕을 두고 있긴 하지만, 인간의 사회적 요청에서 파생된 것이므로 국가와 백성의 뜻에도 들어맞아야 한다. 이에 묵자는 남을 미워하고 해치는 것을 '별(別)'이라 규정짓고, '별'하게 되면 천하가 큰 해를 입으므로 '별'은 그릇된 것이라고 비판한다. 그는 비판에만 그치지 않고 그릇된 것을 대치할 수 있는 대안도 내놓는다. "별을 겸으로 바꿔야 한다(兼以易別)"는 것이다. 묵자는 상대적인 두 현상을 제시해 각각 '별'과 '겸'으로 규정하고, '별'은 국가와 백성의 이익에 들어맞지 않으므로 배제하고, 국가와 백성의 이익에 들어맞는 '겸'으로 바꾸는 것이 옳다고 한다. 그렇다면 묵자의 겸애사상이 가진 의미는 무엇일까?

첫째, 겸애는 보편적인 사랑이다. 묵자는 하늘의 자연적 본질을 통해 하늘의 뜻이 만물을 편벽함 없이 보편적으로 사랑한다고 생각했다. 따라서 그가 추구한 겸애의 이상 역시 모든 인류를 보편적으로 사랑하는 것이었다. 『묵자』의 다음 글을 보자.

사람을 사랑한다는 것은 두루 모든 사람을 사랑한 후에
야 사람을 사랑하는 것이 된다. 사람을 사랑하지 않는 것
은 두루 모든 사람을 사랑하지 않는 것을 기다리지 않는
다. 두루 모두를 사랑하지 않으면 그 때문에 사람을 사랑
하지 않는 것이 된다.[21]

즉, 묵자에게 '사람을 사랑한다'는 것은 논리적으로 말하
면 사랑하는 것에 대한 주연(周延)이다. 그러므로 겸애의 대
상은 그 누구도 배제하지 않은 '모든 사람'이다. 그러나 반
대의 측면에서 보면, 한 사람이 어떤 사람을 미워한다는 것
은 그가 사람을 사랑하지 않는다는 뜻이다. 이와 같은 추리
가 가능한 것은 묵자가 사람과 사람의 관계를 기계적이 아니
라 유기적으로 보기 때문이다. 또 묵자의 겸애가 가진 이상
은 인류 전체를 대상으로 하여 공간과 시간의 제약을 받음
이 없고, 인간 모두를 두루 보편적으로 사랑하는 것이다.

둘째, 겸애는 평등한 사랑이다. 천하에 있어 모든 나라는
크건 작건 모두 하늘의 영토요, 인간은 아이와 어른, 귀인과
천인의 구분 없이 모두 같은 하늘의 신하이기에 하늘은 만민
을 똑같이 지켜주고 똑같이 길러줌으로써 만민을 평등하게
사랑하는 것이다. 이러한 하늘의 뜻에 따라 겸애를 주장하는
묵자는 "남의 집안 보기를 자기 집안 보듯이 하면 누가 어지

럽히겠는가? 남의 나라 보기를 자기 나라 보듯 하면 누가 침략하겠는가? 그러므로 대부들이 서로 남의 집안을 어지럽히지 않고, 제후들이 서로 남의 나라를 침략하지 않게 될 것이다"[22]라고 했다.

세상에는 현실적으로 대국과 소국, 대가(大家)와 소가(小家), 강과 약, 귀와 천의 상대적인 관계가 존재하지만 이를 인도적 입장에서 본다면 모두가 평등한 것이다. 겸애가 평등한 사랑이라면 선인, 악인을 가리지 않고 천하의 모든 사람을 공평하게 사랑하는 것인가? 그렇지 않다. 묵자가 겸애의 대상으로 삼는 것은 선인일 뿐, 남을 해치는 사람이나 도둑과 같은 악인은 그 대상에서 제외된다. 그 까닭은 하늘의 뜻이 '상선벌악(賞善罰惡)'에 있기 때문이다. 즉, 하늘은 사람들을 차별하여 서로 미워하고 서로 해침으로써 하늘의 뜻에 어긋나는 사람들은 반드시 벌을 주는 것이다. 그러므로 묵자는 세상의 모든 악함과 해로움을 없애기 위해서는 남을 해치는 악인을 사랑할 수 없을 뿐만 아니라 그들을 적극적으로 제거해야 한다고 한다.

셋째, 겸애는 '이(利)'를 포함한다. 잘 살펴보면 묵자는 '애(愛)'를 주장할 때 늘 '이'를 같이 말하고 있다.[23] 이는 '애'와 '이' 사이에 밀접한 관계가 있음을 말해준다. 묵자는 더불어 사랑하게 되면 천하의 이익을 일으키고 천하의 해를 제거할 수 있다고 말한다. 또 천하의 이익을 일으키기에 서로 사랑하는 것이 옳은 것이기도 하다. 그러므로 묵자에게 있어 천하에 이익을 가져오지 못하는 사랑은 참다운 의미의 사랑이 아니며, 겸애의 완전한 용어 역시 '겸상애 교상리(兼相愛 交相利)'인 것이다. 묵자는 한 가지 일을 할 때마다 언제나 그것이 유리한가 아니면 불리한가를 물으며, 유리하면 행하고 불리하면 정지하라고 한다. '겸애'에 대해 말한다면 겸애가 모두에게 유리하기 때문에 실천해야 한다는 것이다.

순자는 묵자의 사상을 '실용이 으뜸'이라고 불렀으며, 후스는 묵자의 사상을 가리켜 '실리주의(實利主義)'라 말했고, 중국의 현대철학자 펑유란(馮友蘭)은 아예 '공리주의(功利主義)'라고 불렀다. '공리주의'란 실제 감각할 수 있고 얻을 수 있는 사물을 도덕 가치로 인정하며, 아울러 그것을 생활목적으로 하는 학설을 말한다.

묵자가 바로 이러한 극단적인 공리주의자였다. 그가 말한 '이'는 대체로 구체적이고 직접적이며 물질적이다. 하지만 묵자는 절대적으로 협애한 공리주의자는 아니었으며 그가 말한 '이'는 실제상에서는 '공리(公利)'였다. 묵자는 오직 절대다수의 사람들에게 유익해야만 '이'라고 할 수 있는 것이고, 그렇지 않으면 '이'가 아니고 '해'라고 한다. 이는 아주 중요한 원칙이다.[24] 묵자는 세상의 혼란을 평정하고, 평화로운 겸애의 이상사회를 구축하는 가장 좋은 방안은 사람들이 서로 사랑하는 것이라 확신했다. 그래서 "남을 사랑하라고 권하지 않을 수 없다"[25]고 한 것이다.

지도층부터 실천하라

묵자에 의하면 당시 지식인들은 "겸애가 좋은 이론이기는 하나 도무지 실천할 수는 없는 것"이라고 비판했다고 한다. 이에 묵자는 "실천할 수 없는 것이라면 나라도 그것을 비판할 것이다. 그러나 세상에 좋은 것이라 하면서 실천이 안 되는 일이 어디 있겠는가?"[26]라면서 겸애의 실천이 어렵지 않음을 논리적으로 설득하기 시작한다.

첫째, 겸애는 옛 성왕의 도이기에 실천할 수 있다고 한다. "겸애를 실천한다는 것은 마치 태산을 끌어안고 양자강이나 황하를 뛰어넘는 것 같이 어려운 일이 아닌가?"라는 비난을 받자, 묵자는 "태산을 끌어안고 양자강이나 황하를 뛰어넘는 일은 인간이 생긴 이래 한 번도 실행된 일이 없으나 겸애 교리는 우·탕·문·무 등 옛 성왕 네 분이 몸소 실천한 바 있어"[27] 누구나 실천할 수 있다고 한다. 이는 묵자의 진리 검증 기준인 삼표법(三表法)의 제1표, '옛 성왕의 사적(事蹟)에 근본을 두어야 한다'에 들어맞는 증명이기도 하다.

둘째, 모든 사람들이 겸애를 좋아하므로 겸애는 실천할 수 있다고 한다. 비록 모든 사람들이 겸애를 즐겁게 실천하지 않고 있다 하더라도 사람들이 겸애를 행하는 자를 모두 좋아한다는 것을 증명함으로써 겸애는 가치 있는 이론일 뿐 아니라 실천할 수 있는 이론이라는 것이다.

예를 들어, 죽음을 무릅쓰고 임지로 떠나는 병사나 사신(使臣)이 집안의 부모를 모시고 처자들을 이끌어 그들을 맡기려 할 때 겸애하는 친구와 별애(別愛)하는 친구 가운데 과연 누구에게 맡길 것인가? 이에 대해 묵자는 비록 겸애를 비난하는 사람일지라도 반드시 겸애하는 친구에게 맡기려 할 것이라고 한다.[28] 즉, 겸애를 비판하는 사람들도 현실적인 문제에 부딪히면 겸애라는 덕이 필요함을 느끼게 된다는 것이다. 자사(自私)와 자리(自利)에 눈이 어두운 사람들도 겸애의 사회적 필요성 때문에 겸애를 긍정하게 되고 겸애를 실천하게 된다는 것이 묵자의 생각이다.

셋째, 겸애는 자애(自愛)하는 것이기도 하므로 실천할 수 있다고 한다. 묵자는 "남을 사랑하는 사람은 남으로부터 반드시 사랑을 받고, 남을 이롭게 하는 사람은 남으로부터 반드시 이익을 받게 마련이다"[29]라고 한다. 즉, 남을 사랑하고 이롭게 하면 상대방도 그렇게 할 것이므로, 사람들마다 겸애를 하게 되면 이것이 곧 자애와 다를 바 없다는 것이다. 겸애의 목적이 자애와 자리는 아니지만, 겸애의 결과로 자연스럽게 자애, 자리가 따른다는 말이다. 겸애는 인류 전체의 호애(互愛)이고 호리(互利)의 이론이므로 일방적인 애타, 이타와는 달리 인간본성이 갖고 있는 자애, 자리의 욕구도 충족시켜줄 수 있어 실천하기가 어렵지 않다는 것이다.

넷째, 군주가 겸애를 좋아하기만 하면 아랫사람들도 실천하게 된다고 한다. 겸애한다는 것이 좋은 일이기는 하나 실천하기는 지극히 어렵다는 지식인들에 대해 묵자는 진실로 임금이 좋아하기 때문에 백성들이 어려움을 무릅쓰고 실천하는 예를 든다. 즉, 진나라 문공(文公)이 검소한 옷차림을 좋아해 신하들도 모두 그렇게 했으며, 초나라 영왕(靈王)이 사람들의 가는 허리를 좋아해 신하들도 모두 밥을 적게 먹어 허리를 가늘게 만들었고, 월왕(越王) 구천(句踐)이 용감한 것을 좋아하니 신하들이 불에 뛰어들어 죽기까지 했다는 것이다.[30]

물론 평민 출신인 묵자가 처음부터 하층에 있는 약자를 옹호하기 위해 내놓은 이론이 '겸애론'이므로 군주를 비롯한 권력층이 개심해 솔선수범하기를 바라는 점에서는 이를 묵자의 개혁정신으로 평가할 수 있다. 그러나 묵자는 정당성이 결여된 요구임에도 불구하고 단순히 군주가 좋아한다 하여 불 속에 목숨을 내던지는 등 맹종하는 신하들의 예를 통해 군주의 위력에 의지하려 했던 것 같다. 이는 성급하게 목적을 달성하려다 겸애 본래의 정신을 훼손시킬 우려마저 있는, 설득력이 약한 주장이기도 하다.

묵자는 겸애를 실천하도록 하는 마지막 방법으로 군주의 상벌주의를 택한다. 즉, 군주가 겸애를 좋아해 구체적 정치권력인 상벌로써 백성들에게 권장한다면 겸애는 철저히 실현될 수 있다는 것이다. 그러나 사랑이란 마음속에서 스스로 우러나와야 하는 것이지, 어떤 이익을 바라거나 제재 때문에 마지못해 행하게 된다면 묵자가 당초 의도한 안정되고 평화로운 이상사회는 이루어지기 어려울 것이다.

침략전쟁은 도둑질

묵자는 당시 나라와 나라 사이의 격렬한 전쟁을 직접 눈으로 목격하고, 그로 인해 발생한 백성들의 고통과 피해에 대해 백성의 입장에서 깊이 생각하지 않을 수 없었다. 천하에 해로움이 되는 것이면 무엇이든 물리치고, 천하에 이로움이 되는 것이라면 어떤 어려움이라도 무릅쓰고 실천하고야 말겠다는 묵자의 정치적 이상에 있어서 천하에 가장 해로움이 되는 것은 바로 나라와 나라 사이의 전쟁이었다. 그래서 묵자는 백해무익한 전쟁을 그토록 반대하는 것이다. 묵자가 내놓은 '비공(非攻)' 이론은 침략전쟁을 반대하는 것으로 '겸애'를 이루는 실천적이고 실질적인 이론이다.

묵자가 주장하는 '비공'은 전쟁을 반대한다는 것이다. 그러나 모든 전쟁을 반대하는 것은 아니고, 전쟁 목적을 기준으로 할 때 침략전쟁만 반대할 뿐 나라를 보위하기 위한 자위의 전쟁은 반대하지 않는다. 부당하고 일방적인 다른 나라의 침입에 대처하기 위한 자위의 전쟁은 정당화할 수 있으며, 평화의 필요악으로서 정의의 전쟁까지도 정당화할 수 있다는 것이다. 결국 묵자는 '상대적인 전쟁폐지론자'라고 볼 수 있다. 그러면 침략전쟁을 반대하는 묵자의 논리를 살펴보자.

첫째, 묵자는 침략전쟁이 의롭지 못하기 때문이라고 지적한다.

한 사람을 죽였다면 이를 '불의'라고 하여 반드시 그 사람은 죽을죄에 처할 것이다. 이런 논리로 나간다면 열 사람을 죽이면 불의는 열 배나 되니 열 번 죽을죄에 처해야 할 것이요, 백 사람을 죽인다면 불의는 백 배라 백 번 죽을죄에 처해야 할 것이다. … 그러나 남의 나라를 침략하는 큰 일에 있어서는 이를 비난하기는커녕 도리어 칭찬하여 의롭다고 하는 것이다.[31]

이와 같이 묵자는 남의 나라를 침략하는 일은 남의 나라를 해치고 자기 나라를 이롭게 하려는 것이므로 그 무엇보다도 의롭지 못한 행위임을 논리적으로 증명하는 것이다. 또 하늘의 뜻에 따라 불의를 토벌한 옛 세 성왕의 전쟁은 묵자가 반대하는 '공(攻)'과 다른 '주(誅)'이므로 이를 찬양함은 모순이 아닌 것이다. 묵자가 허용하는 '주'란 간단히 말해 '의로움'으로 '불의'를 주벌하는 것이다. 그런데 당시의 통치자들은 아무 죄 없는 나라들을 침략하곤 했다. 이는 그 자신에게도 '의로움'이 아니며 침략 당하는 쪽도 '불의'가 아니므로 묵자는 이를 반대하는 것이다.[32]

둘째, 묵자는 침략전쟁은 아무 이익이 없기 때문에 이를 반대한다고 한다. 전쟁은 침략 당하는 쪽이나 침략하는 쪽 모두 큰 손해를 입게 된다. 전쟁을 일으키는 쪽은 물론 방어하는 쪽도 군사를 동원해야 하는데, 사병들만 해도 그 수가 십만 명은 되어야 할 것이며, 한 번 싸움을 걸었다 하면 길게는 몇 년, 짧아도 몇 달은 걸릴 것이다. 그러면 나라 안은 온통 전쟁에 휩싸여 군주는 국정을 돌볼 새가 없고, 관리들은 관청에 앉아 사무를 볼 여유가 없으며 농부는 농사를, 부인들은 베 짜기를 할 시간이 없으니 나라는 가난하게 되고 사람들은 모두 자기 할 일을 못하게 된다. 이러한 인력 손실에 재물의 손실 또한 엄청나다.

묵자는 또 인명의 손실을 내세워 침략전쟁을 반대한다. 전쟁 중 죽거나 부상당하는 군사의 수는 양측 모두 헤아릴 수 없을 정도다. 전쟁으로 인해 얼어 죽고 굶어 죽는 사람들도 많을 뿐 아니라 침략자는 양민을 대량 학살하게 되므로 침략 당하는 쪽의 인명 피해는 더욱 심하다. 그러나 이보다 더 큰 손실은 전쟁으로 인해 나라가 망하는 것이다.

도(道)를 행하는 자는 반드시 온 천하의 공리(公利)를 추구해야 한다. 침략전쟁이 비록 몇몇 대국에 이익이 된다 하더라도 천하에 이익이 되지 않으면 바른 도가 아닌 것이다. 침략전쟁은 전체 인류의 입장에서 아무런 이익이 없을 뿐만 아니라 큰 해가 되므로 묵자는 이를 적극 반대하는 것이다. 이러한 묵자의 생각은 '최대 다수의 최대 행복'을 제공하는 것이 바로 도덕적 행동의 목적이라는 제러미 벤담(Jeremy Bentham)의 공리주의와 일치한다.

방어를 위한 군비 강화

묵자는 강대국의 침략 야욕을 억누르고, 만약 침략을 당했을 때 생존하기 위해서라도 각국은 국방력을 강화해야 한다고 주장한다. 국방력을 강화하는 가장 좋은 방법은 국가를 부유하게 하고 인구를 많이 늘리며 정치가 안정되도록 하는 것이다. 그 다음 강구해야 할 일은 방어용 무기를 갖추고 방어기술을 개발해 성을 튼튼히 지키는 것이다. 이렇게 하면 나라의 환난을 거의 면할 수 있을 것으로 보는 것이다. 결국 나라의 환난을 방지하는 근본적인 대책은 미리 대비하는 것이다.

국방상의 자위 수단으로 가장 중요한 것은 식량과 군대, 성곽이다. 한 나라가 자기 나라를 방위하기 위해서는 이 세 가지를 반드시 충실히 갖추어야 한다. 식량이 풍부하고 군대가 강하며 성곽이 공고하다면 다른 나라의 침략을 두려워할 필요도 없을 뿐만 아니라 어떤 나라도 이런 나라를 함부로 넘보지 않아 전쟁이 없는 평화로운 세계를 이룰 수 있는 것이다.

또 국토를 방위하기 위해서는 수비의 주체가 되는 군대를 조직하고 군사를 훈련시키는 일이 그 무엇보다 중요한 일인데,『묵자』는 이에 대해 상세히 언급하고 있다.[33] 특히 주목할 만한 것은 '전국민 개병제(皆兵制)'를 채택하고 있는 것이다. 이는 묵자가 처음 창안한 것으로 노소(老少)의 남자와 20세 안팎의 여자들을 병역에 복무하게 하여 전투에 투입시키는 것이다. 특히 여자들도 병역에 복무하게 한 것은 묵자의 또 다른 평등정신을 엿볼 수 있는 대목으로 주목할 만하다.

또 전쟁이란 전 인민의 생사가 걸려 있으므로 전쟁을 직접 담당하는 군사들의 정신을 바로잡아 군을 정예화하는 것이 중요하다. 만약 기율이 확립되지 않고 명령이 지켜지지 않아 전쟁에 임하기 전에 이미 기강이 해이해진 군대라면 어떠하겠는가? 『묵자』는 군을 다스리는 엄한 형벌에 대해서도 언급하고 있는데, 사실 오늘날 생각해보면 지나치리만큼 엄한 것이 아닌가 생각될 정도다.

> 창에 의지해 성 위에서 벽에 매달려 내려 뛰거나 성을 오르내림에 있어서 여러 사람과 행동을 같이 하지 않는 자는 처단한다. 응답을 하지 않고 멋대로 소리 지르는 자는 처단한다. 죄인을 놓치는 자는 처단한다. 적을 칭찬하고 우리 편을 비방하는 자는 처단한다.[34]

이와 같이 그 범죄에 따라 엄벌을 부과한 것은 상하의 행동을 일치하게 함으로써 전력을 집중시켜 국난을 극복하고자 하는 묵자의 강한 의지 때문이다. 실제로 '수어(守禦) 집단'이라고도 할 수 있는 묵자 집단에는 엄한 기율이 존재했으며, 그 기율에는 집단의 영도자인 거자도 예외 없이 절대 복종해야만 했다. 이렇게 엄격한 묵가의 기율 덕분에 묵자들은 일치단결해 강고한 집단을 이룰 수 있었으며, 이렇게 길러진 용무(勇武)의 정신은 후대에 와서 유협(遊俠) 정신의 남상(濫觴)이 되기도 했으나 이 엄격성이 약점이 되어 묵가가 쇠미하게 되는 원인이 되기도 한다.

묵자는 또 그 자신이 군사전문가로서 수성(守城)의 전술 및 방어기구 개발에서도 뛰어난 능력을 발휘했다. 예를 들어 성벽 가까이 매달아 놓고 그 속에 사람이 탄 채, 성벽을 기어 오르는 적병을 창으로 찌를 수 있는 현비(懸陴)나 누(壘)의 제작방법을 『묵자』「비아부(備蛾傅)」편 등에서 상세히 설명하고 있다.[35] 성을 방어하는 전술적인 문제뿐만 아니라 오늘날 국방과학에 속한다고 할 수 있는 방어무기를 제작하는 등 극히 전문적인 문제에까지 묵자가 관여할 수 있었던 것은 그가 뛰어난 기술자 출신이었기 때문일 것이다.

평화운동의 실천

묵자의 '비공'을 통한 평화사상은 한갓 이론으로만 주장된 게 아니다. 그는 '비공'의 실천을 위해 때와 장소를 가리지 않고 온갖 위험을 무릅쓰며 행동했다. 이제 묵자의 일생을 통해 가장 위대한 업적이라 할 수 있는 평화운동의 예를 살펴보기로 하자.

묵자의 평화사상을 드러내는 내용 가운데 태도와 표현이 가장 강경하고 기록이 세세하면서 많은 부분을 차지하는 것은 초나라가 '운제(雲梯)'라는 군사 장비를 가지고 송나라를

침략하려 했을 때 묵자가 그 소문을 듣고 초나라로 가서 송나라 침략을 중지시킨 다음과 같은 실례다.[36)

과학기술의 명인이며 군사전문가이기도 한 초나라의 공수반(公輸盤)이 성을 공격하는 장비인 운제를 만들어 송나라 침략 준비를 진행했다. 묵자는 노나라에서 이 소식을 듣고 즉각 출발해 열흘 낮과 열흘 밤을 달려 초나라의 도읍인 영(郢)에서 공수반을 만났다. 묵자가 말하기를 "초나라는 여유 있는 땅을 가지고 있으나 백성들이 부족합니다. 부족한 백성을 죽임으로써 여유 있는 땅을 위해 다툰다는 것은 지혜롭다 할 수 없습니다. 송나라는 죄도 없는데 그 나라를 공격한다는 것은 어질다고도 말할 수 없습니다"라고 했다.

이러한 묵자의 논리적인 설득에 굴복한 공수반은 그 책임을 임금에게 미룬다. 묵자는 초나라 임금을 직접 만나 "크고 부유한 초나라가 작고 가난한 송나라를 침략하는 것은 가진 것이 많은 데도 하찮은 남의 것을 훔치려는 도벽과 같다"고 말한다. 이에 임금은 공수반이 만든 운제를 핑계로 묵자와의 논변을 회피한다. 그러자 묵자는 다시 공수반을 만난다. 묵자는 허리띠를 끌러 성을 만들고 나무 조각으로 기계를 삼았다. 공수반은 성을 공격하는 방법을 아홉 번이나 바꿔가면서 기계로 공격했으나 묵자는 아홉 번 모두 이를 막아냈다. 공수반은 성을 공격하는 기계가 가진 방법을 총동원했지만 묵자의 수비에는 여전히 여유가 있었다. 공수반은 마침내 묵자에게 굴복했다.

묵자는 다시 초나라 임금에게 말하기를 "공수반의 뜻은 다만 저를 죽이려는 것뿐입니다. 저를 죽이면 송나라는 초나라의 침략을 막아낼 수 없을 테니 쉽게 공격할 수 있을 것이라는 거지요. 그러나 금골희(禽滑釐) 등 저의 제자 3백 명이 제가 발명한 군사 무기를 가지고 이미 송나라 성 위에서 초나라의 군대를 기다리고 있습니다. 저 하나를 죽인다 하더라도 그들을 이겨낼 수는 없을 것입니다"라고 전한다. 결국 초나라 임금은 "알겠습니다. 송나라를 침략하지 않겠습니다"라는 말로 굴복하고 만다.

아무런 벼슬도 없는 묵자가 초나라의 임금과 공수반을 만나 이들을 설득하고 전쟁을 막는다는 것은 쉬운 일이 아니었다. 그러나 묵자는 이런 고난과 위험을 무릅쓰고 초나라와 송나라에 조금도 손실을 끼침이 없이 곧 일어나고야 말 침략전쟁을 미연에 방지한 것이다. 이때 묵자는 종횡가(縱橫家)로 착각할 만큼 논리적인 웅변력을 발휘했다. 침략을 중지시킬 수 있었던 주요인은 그 자신이 공수반보다 뛰어난 전략가일 뿐만 아니라 금골희 등 3백 명으로 편성된 특공대를 송나라 성에 배치해 놓았기 때문이다. 이 이야기 속에는 묵자가 이론적으로 '비공론'을 제창했을 뿐만 아니라 실제 묵자들로

구성된 평화유지군을 편성했다는 역사적 사실이 포함되어 있다.[37]

이상의 예화를 통해 묵자는 침략전쟁이 잘못된 것임을 논리적으로 비판하고, 침략자의 야욕을 꺾기 위해 헌신적으로 노력한 구세의 사상가이며 이론의 실천가임을 알 수 있다. 그는 이론만 앞세우는 평화주의자가 아니었다.

하늘의 뜻과 귀신의 존재

묵자는 겸애의 정신이 국가와 인민을 이롭게 하고 세상을 평화롭게 한다고 역설했으나 그 실천이 쉽지 않을 것으로 생각해 종교적 제재를 설정하고 겸애를 독려했다. 묵자는 그 자신이 평민 출신이기 때문에 그의 사상은 평민의 성격을 드러내고 있다. 평민 의식은 한편으로는 순박하고, 한편으로는 수구적이다. 춘추전국시대의 원시종교 관념은 이미 인문화되어 있어 지식인의 의식 속에서는 권위적이고 의지적인 하늘이 사라져 가고 있었으나 민중들의 마음속에는 여전히 남아 있었다. 따라서 묵자의 하늘과 귀신에 대한 생각은 당시 민중들이 가진 종교 심리의 한 반영이라 할 수 있다. 또 묵자는 인간의 주관적인 능동성을 높이기 위해 운명론을 반대한다. 묵자는 그의 사회·정치 사상을 강화하기 위한 방법으로 민중의 심리에 바탕을 둔 '천지(天志)'와 '명귀(明鬼)'의 이론을 설정하고 운명을 부정한 것이다.

하늘은 최고의 기준

중국철학사상사에서 '천(天)'의 의미는 상당히 복잡하다. 중국의 근대사상가인 량치차오는 옛 사람들이 말한 천을 네 가지로 나누었다. 그것은 형체(形體)의 천, 주재(主宰)의 천, 운명의 천 그리고 의리(義理)의 천이다. 묵자가 말한 천은 명확히 둘째에 속한다. 이 주재의 천은 실제로는 의지를 가진 인격신으로 서양의 하느님과 비슷하다.[38]

묵자의 사상은 하늘의 뜻, 곧 '천지'를 기준으로 삼는다. 세상의 모든 일에는 기준이 되는 일정한 법도가 있다. 예를 들어 수레바퀴를 만드는 기술자에게는 컴퍼스나 자가 그 기준이다. 묵자는 이렇게 말한다.

나의 사상 중에 하늘의 뜻(天志)이 있는 것은 비유컨대 수레바퀴를 만드는 사람에게 그림쇠(規)가 있고, 목수에게 곱자(矩)가 있는 것과 같다. 수레를 만드는 사람이나 목수는 그림쇠나 곱자를 가지고 천하의 네모진 것과 원을 재면서 말하기를 "그림쇠나 곱자에 맞는 것은 바른 것이고, 그림쇠나 곱자에 맞지 않는 것은 그른 것이다"라고 한다.[39]

그러면 나라를 다스리는 일이나 인간이 살아가는 데 필요한 언행은 무엇을 법도로 해야 할까? 일반적으로는 부모나 스승, 임금이 정치와 삶의 표준이 되는 것으로 생각하기 쉽다. 그러나 묵자는 부모나 스승, 임금들 중에는 어질지 않은 사람이 더 많아 이들을 법도로 삼을 수는 없다는 것이다.[40] 그러면 무엇을 법도로 삼아야 할까? 묵자는 "하늘은 광대하면서도 사사로움이 없으니 통치자 및 모든 백성들의 언행 기준이요, 법도가 될 수 있다"고 말한다. 따라서 하늘의 기준에 맞으면 선이고, 맞지 않으면 악이 된다. 다시 말해 하늘의 뜻이 선악과 시비를 판단하는 수단이 된다.[41]

일반적으로 묵학의 중심사상은 '겸애'로 되어 있다. 그러나 겸애 역시 하늘의 의지에 근거를 두고 하늘의 의지를 기준으로 삼고 있어 '천지'가 묵학 최고의 가치규범이 된다. '겸애'와 묵학의 관계가 횡적이라면 묵학의 초월적 근거인 하늘의 의지는 묵학으로 하여금 종적, 입체적 통일을 이루게 한다. 그러므로 그 근원적 의의를 따른다면 '천지'의 위치가 '겸애'보다 더 중요하다. 그러면 모든 사람들의 언행 기준이 될 뿐만 아니라 묵자 전체 사상의 기준이 되는 하늘의 본질과 특성은 어떠한가?

첫째, 하늘은 그 무엇보다 높은 존재다. 하늘은 인간 세상에서 가장 높은 존재인 천자보다 더 높은 존재이기에 천자도 하늘의 뜻에 복종하고 제사를 지냄으로써 복을 빌고 화를 면하려 했다. 그래서 "천자가 착한 일을 하면 하늘이 상을 주고, 천자가 난폭한 짓을 하면 하늘이 벌을 준다"[42]고 말한다.

만약 천자가 병에 걸리면 제물을 준비해 하늘과 귀신에게 기도한다. 그러면 하늘은 그의 병을 낫게 한다. 그런데 하늘이 천자에게 기도한다는 말은 들어본 적이 없다. 그래서 하늘이 천자보다 더 존귀한 것이다. 그런데 묵자는 인간세상에서 가장 존귀하게 여기는 천자도 하늘 앞에서는 일반 백성들과 그 지위가 같다고 말한다. 묵자가 "천하의 크고 작은 나라를 막론하고 모두가 하늘의 도움을 받고 있다. 사람은 노소귀천을 막론하고 모두가 하늘의 신하다"[43]라고 말한 것은 기독교에서 하느님 아래 모든 사람은 평등하다는 사상과 비슷하다. 이는 실제로 천자의 지위를 깎아내린 것으로 더욱 주목할 만한 대목이다.

둘째, 하늘은 우주만물의 창조자다. 하늘은 온 세상의 조물주로서 만물은 하늘이 아니면 존재할 수 없다. 해와 달과 별이 각각 다르게 빛나는 것은 하늘이 그렇게 배치해 놓았기 때문이다. 사계절이 질서 있게 운행되는 것도 하늘에 의한 것이며 눈과 서리, 비, 이슬이 내리는 것도 하늘이 베풀어 준 것이다. 뿐만 아니라 산천초목도 모두 하늘이 마련해 준 것이며, 임금과 제후들까지도 조물주인 하늘에 의해 만들어진 것이다.[44] 우주의 구조와 운행은 물론 우주에 있는 동식물과 광물, 인사 관계가 모두 하늘에 의해 이루어진 것이므로 묵자는 하늘이 만물의 창조자라고 말한다.

셋째, 하늘은 전지전능하다. 하늘은 모르는 것이 없고 못하는 것이 없다. 만약 집에서 부모에게 죄를 지으면 이웃집으로 도망가 숨을 수 있고, 임금에게 죄를 지으면 이웃나라로 도망가 숨을 수 있다. 그러나 하늘에 죄를 지으면 도망가 숨을 곳이 없다. 묵자는 '청천 백일하에 죄를 지으면 어디로 도피할 것인가? 도피할 곳이 없다'는 격언을 인용하면서 "심산 유곡과 같이 사람이 없는 곳이라고 해서 하늘을 피할 수 있는 것은 아니다. 하늘은 반드시 훤히 보고 있다"[45]고 한다. 하늘은 전지전능해 만물을 훤히 인식할 수 있으며 대상이 은밀히 숨어있거나 시대가 변해도 그 인식 능력은 쇠하는 일이 없다. 이른바 하늘의 그물은 크고 커서 인간도 그의 감시와 장악 아래 피할 수 없다는 것이다.

하늘은 정의사회를 바란다

'천지'는 하늘의 뜻이고 하늘의 바람이다. 묵자의 하늘은 인격적인 하늘이므로 의식이 있고 감정이 있는 하늘이다. 그러면 묵자의 하늘이 바라는 것은 무엇인가?

첫째, 하늘은 세상이 의롭기를 바란다. 묵자는 "하늘은 의롭기를 바라고 의롭지 못한 것을 싫어한다(天欲義而惡不義 - 「天志上」)"고 말한다. 하늘은 사람들이 의(義)를 표준으로 삼아 행동하기를 바라고 불의의 행동을 바라지 않는다. 그러면 어떻게 하늘이 의를 바라고 불의를 싫어함을 알 수 있는가? 그것은 천하에 의가 있으면 살고 의가 없으면 죽고, 천하에 의가 있으면 부유해지고 의가 없으면 가난해지며, 의가 있으면 다스려지고 의가 없으면 혼란해지기 때문이다.

하늘은 만물의 생존을 바라고 죽음을 싫어하며, 인간들의 부유함을 바라고 가난함을 싫어하며, 국가의 안녕을 바라고 혼란함을 싫어한다. 이것이 묵자가 하늘이 의를 바라고 불의를 싫어한다는 것을 알 수 있는 이유다. 묵자가 의롭기를 바라는 것은 그가 의를 중시하기 때문이다. 그래서 따로 「귀의」편을 두고 "모든 일에 의로움보다 소중한 것은 없다"고 말한다. 의가 이렇게 소중하고 보배로운 것은 의는 올바름이요(義者, 正也) 이로움이기 때문이다(義, 利也). 묵자는 한걸음 더 나

47

아가 "의란 곧 정치를 잘 하는 것"이라고 말한다.

묵자는 의가 인류를 공정하게 이롭게 하는 것이기에 세상에서 가장 보배로운 것이라고 생각한다. 그러면 의는 어디서 나온 것인가? 의는 마땅히 귀하고 지혜로운 데서 나와야 하는데, 하늘이 가장 귀하고 가장 지혜롭기에 의는 결과적으로 하늘로부터 나온다.[46] 묵자는 하늘이 의의 본원이라고 생각한 것이다.

둘째, 하늘은 사람들이 더불어 사랑하기를 바란다. 하늘은 인간 모두가 서로 사랑하고 서로 이익 되게 하기를 바라며, 서로 미워하고 해치는 것을 싫어한다. 구체적으로 묵자는 "하늘은 대국의 위치에 있으면서 소국을 공격하는 것, 큰 집안의 위치에 있으면서 작은 집안을 약탈하는 것, 강한 자가 약한 자를 위협하는 것, 교활한 자가 순박한 자를 속이는 것, 귀한 자가 천한 자에게 오만하게 구는 것을 바라지 않는다"고 말한다.[47]

그럼 하늘의 이러한 뜻을 어떻게 알 수 있는가? "그것은 하늘이 인간을 차별 없이 사랑하며 똑같이 이익 되게 하는 것으로 미루어 알 수 있다." 그렇다면 하늘이 그와 같이 인간을 평등하게 사랑하고 이익 되게 한다는 것은 또 무엇으로 알 수 있는가? "그것은 하늘이 똑같이 지켜주고 똑같이 길러주는 것으로 알 수 있다"[48]고 묵자는 말한다. 하늘의 의지는 사람들이 서로 도와 맡은 일을 열심히 하는 것을 바란다. 이러한 하늘의 의지가 표출된 것이 '겸애'와 '비공', '상동'과 '절용' 같은 것들이다.

하늘은 벌을 내린다

하늘의 의지는 더없이 높고 지혜로워 위로는 천자에서부터 아래로 서민에 이르기까지 모두 하늘의 뜻을 따라야 한다. 만약 하늘의 뜻을 어기면 하늘이 벌을 내린다.

> 하늘의 뜻에 따라 더불어 사랑하고 서로 이익을 나누는 사람은 반드시 상을 받고, 하늘의 뜻을 거스르고 서로 미워하고 해치는 사람은 벌을 받게 된다.[49]

하늘은 인류를 부유하게 만들고 세상을 평화롭게 하기 위해 여러 가지 덕능을 가지고 있는데, 그중 대표적인 것이 '상선벌악'의 덕능이다. 묵자는 "하늘은 인간을 사랑하고, 인간에게 이익을 준 사람에게는 반드시 복으로 갚아주며, 인간을 미워하고 해롭게 한 사람에게는 반드시 재앙을 내린다"[50]고 말했다. 이를 보면 '천지'에 순응하는 것과 '겸애'와 '비공' 모두 묵자의 종교적 기율이라 할 수 있다. 묵자의 사상은 이와 같이 종교적 의의로 충만해 있다.

사실 묵자가 말하는 '하늘의 뜻'에는 묵자 자신의 뜻이 투사되어 있다. 묵자는 하층민 출신이었기 때문에 그가 제창하는 '겸애' '비공' '상동' '상현' 등의 주장은 모두 전쟁으로 인해 빈곤의 고통을 겪고 있는 서민들의 바람이다. 이와 같이 '하늘의 뜻'이란 곧 '서민들의 뜻'이 변형된 것이다. 묵자가 힘써 하늘의 권위와 신통력을 내세우는 목적은 하늘의 권위로 '상선벌악'하고 나라를 부유하게 하는 한편 세상의 모든 해악을 없애 사회가 안정되고 백성들이 인간답게 살게 하기 위함이었다.

귀신은 존재한다

하늘을 높이는 목적과 마찬가지로 묵자가 귀신을 섬기는 것 역시 귀신의 역량을 빌어 그의 학설을 널리 알리려는 것이었다. 귀신에 대한 신앙은 중국 고래의 전통이었으나 춘추전국시대에는 사람들의 지혜가 발달해 귀신의 존재에 대해 회의적인 태도를 가진 사람들이 많았다.

묵자는 세상이 혼란하게 된 원인에 대해 사람들이 귀신의 존재를 믿지 않을 뿐만 아니라 귀신이 '상선벌악'한다는 것도 믿지 않기 때문이라고 말한다. 만약 사람들로 하여금 귀신을 믿게 한다면 잘못된 행동을 하지 않을 것이며, 세상이 이처럼 혼란하게 되지 않을 것이라는 얘기다. 그래서 묵자는 "지금 천하의 임금과 신하, 대신들은 천하의 이익을 일으키고 천하의 해를 없애기를 바라고 있다. 그러므로 귀신이 있고 없는 분별에 대해 분명히 살펴보아야 한다"[51]는 것이다. 묵자는 귀신을 분명히 밝히려는 목적이 세상을 이롭게 하기 위한 것임을 말하고 있다. 묵자가 말하는 귀신은 폭정과 악행을 반대하는 귀신으로 정의의 화신이다. 귀신은 사람들이 모두 자기의 사회적 책임을 다하고 사회의 도덕규범을 준수해 정상적인 사회질서를 유지하기를 바란다.

묵자는 다신론자로서 하늘 혹은 하느님을 믿는 것 외에 귀신의 존재를 믿는다. 그는 귀신을 세 종류로 나눈다. 하늘에 있는 천귀와 자연에 있는 귀신 그리고 사람이 죽어서 되는 귀신이다. 묵자가 말하는 귀신은 하늘에 비해 그 지위가 일급 낮은 것으로 귀신이 내리는 상벌은 작은 일에 대해서는 스스로 행하고, 큰 일은 하늘의 지휘를 받아 행한다. 묵자는 귀신의 존재를 확신하고 그냥 믿기만 하는 것이 아니라 논리적 방법으로 증명하고 귀신의 신앙을 합리적으로 설명했다.

그러면 어떤 방법으로 귀신의 존재를 증명할 수 있는가? 묵자가 사용한 방법은 '삼표법(三表法)'이었다. 묵자가 창안한 논증법인 '삼표법'은 어떤 것이 진리가 되기 위해서는 '근거(有

本之者)' '실증(有原之者)' '효용(有用之者)'이 있어야 한다는 것이다. 즉, 이론을 전개시키기 위해서는 세 가지 기준에 비추어 봐야 한다. 그 기준은 첫째, 옛 성왕들의 일에 바탕을 두어야 한다. 둘째, 많은 사람들이 경험했는가를 살펴봐야 한다. 셋째, 그것이 나라와 백성들에게 이익이 되는가를 따져봐야 한다.[52] 그럼 묵자가 귀신의 존재를 증명하기 위해 '삼표법'으로 논증한 예를 보자.

묵자는 옛 성왕들이 귀신이 존재한다는 것을 믿었기에 제사를 중시하고, 상벌을 내릴 때는 그 공정함을 귀신에게 알리기 위해 반드시 제사를 올리는 곳에서 거행했다고 하면서 귀신이 존재함을 말한다. 이는 삼표법 중 '근거'에 해당한다.

예부터 지금까지 많은 사람들이 귀신을 본 예는 대단히 많은데, 묵자는 사람들이 모두 알고 있는 중국의 역사서에 기록된 다섯 개의 고사를 들어 귀신의 존재를 증명하고 있다. 그중 하나는 다음과 같다.

많은 사람들이 함께 보고 많은 사람들이 함께 들은 실례를 들자면, 옛날 두백(杜伯)의 경우가 여기에 해당한다. 주나라의 선왕(宣王)이 그의 신하인 두백을 사형시켰는데 두백은 죄가 없었다. 그래서 죽기 직전 두백이 말하기를 "우리 임금이 나를 죽이려 하지만 나는 아무 죄가 없다. 만약 죽은 자의 영혼이 이러한 일을 알지 못한다면 아무런 일이 없 겠지만, 만약 죽어서 무언가를 알 수 있다면 3년 안에 반드 시 우리 임금이 죽은 자의 원한을 알게 하리라"라고 했다.

이후 두백이 죽은 지 3년째 되는 어느 날, 선왕이 제후들 과 함께 들판에서 사냥을 했다. 이때 수레가 수백 대에 따 르는 사람이 수천 명으로 많은 사람들이 들판을 가득 메 웠다. 정오가 되었을 때 두백이 백마가 끄는 흰 수레를 타 고 갑자기 나타났다. 두백은 붉은 의관에 붉은 활을 들고 붉은 화살을 옆구리에 끼고 선왕을 추적해 수레 위에 있는 선왕에게 활을 쏘았다. 두백이 쏜 화살은 선왕의 심장에 명 중해 등뼈까지 부러뜨렸다. 선왕은 수레 안에 쓰러져 활 자 루 위에 엎어져 죽었다. 이때 수행한 주나라 사람 모두가 이 광경을 보았고, 멀리 떨어져 있던 사람들도 모두 이 사 건의 소문을 들었다. 이 이야기는 주나라의 역사서인 『춘 추』[53]에도 기록되어 있다.[54]

묵자는 귀신의 존재를 증명할 수 있는 이상의 경험적인 예 를 가지고 삼표법의 '실증'의 기준에 부합된다고 말한다.

묵자는 또 공리주의자이므로 모든 것에 대해 국가와 백성 의 이익을 전제로 한다. 따라서 온 천하의 사람들로 하여금 귀신이 현명한 사람에게는 상을 주고, 포악한 자에게는 벌을

주고 있음을 믿도록 한다면 천하가 안정되므로 귀신의 존재
는 국가와 백성들에게 이익이 된다는 것이다. 이것은 삼표법
중 '효용'의 기준에 부합된다고 한다.

묵자는 삼표법을 통해 귀신의 존재를 증명하고, 사람들
이 모두 귀신의 존재를 믿어 귀신이 '상선벌악'함을 믿음으로
써 모두가 착한 일을 행하고 나쁜 일을 행하지 않게 되면 천
하가 태평하게 된다고 한다. 묵자의 이러한 귀신 존재 증명에
대해 량치차오는 세 가지 방법 중 경험론 하나만이 옳은 것
이라 했다.[55] 그러나 묵자가 증명의 예로 든 사실들은 모두
직접경험이 아니고 간접경험이며, 자신의 경험이 아니라 타
인의 경험이다. 또 이 타인의 경험들도 모두 전설이나 기재된
것으로 안 것이지, 경험자의 직접진술을 통해 안 것은 아니
다. 이렇게 본다면 신빙성이 극히 부족한 것인데도 묵자는 신
빙성이 있는 것으로 보고 귀신의 실유를 증명하는 것이 된
다. 따라서 이는 지식의 문제로 볼 것이 아니라 종교적인 문
제로 보아야 할 것이다.

귀신은 인간을 감시한다

묵자가 귀신의 존재를 증명하려는 또 하나의 목적은 세상
의 해악을 징벌하고 선행을 칭찬하려는 것이다. 묵자는 귀신

의 신비한 힘으로 안정된 사회기풍을 수립하려 했다. 오늘날로 말하자면 문명사회를 건설하는 것이다. 따라서 그는 귀신의 상벌 능력을 적극 내세웠다. 귀신은 하늘에 의해 각 영역에 파견되어 인간의 선악을 감시하는 감독이다. 귀신도 하늘과 마찬가지로 전지전능해 인간의 선악을 빠짐없이 살핀다. 귀신의 눈은 하도 밝아 깊은 못이나 숲속 또는 계곡 등 아무도 보지 않는 곳에 있다 하더라도 속일 수가 없다. 귀신은 어디서든지 사람의 행동을 훤히 들여다보고 있기 때문이다.[56] 그러므로 사람들은 아무도 없는 곳에서도 행동을 삼가야 한다. 이렇게 전지전능하므로 귀신이 내리는 상벌은 공정하다. 귀신이 내리는 상벌은 보편성과 공정성을 가지고 있어 관리들은 청렴하지 않을 수 없고, 백성들은 도둑질이나 폭력과 같은 범죄행위를 할 수 없다.

묵자가 하늘과 귀신을 내세우는 주요목적은 통치계급을 위협하기 위한 것이다. 따라서 귀신이 내리는 상벌의 특징은 사회적으로 높은 신분에 있다 하더라도 피할 수 없다. 하느님 앞에 모든 사람들이 평등한 것과 마찬가지로 귀신의 상벌은 누구에게나 평등하다.

귀신이 엄연히 존재하고 세상을 두루 살피고 있으므로 사람들은 마땅히 귀신을 섬겨야 한다. 묵자는 "청결한 술과 단술, 젯밥을 마련해 하늘과 귀신에게 제사를 지내야 한다"[57)]

고 말한다. 이는 귀신에 대한 신앙을 가르치는 것이다. 그런데 절약을 강조하는 묵자가 제사를 지내라 하는 것은 모순이 아닌가?

귀신이 있어 제사를 지낸다면 그것으로 가치 있는 것이고, 만약 귀신이 없다 해도 제사를 지내는 일에는 그 의의가 없는 것이 아니다. 묵자는 안으로는 친척들과 밖으로는 동리 사람들이 모여 음식을 나누어 먹고 친목을 도모할 수 있으니 이는 실리적인 일이라고 생각한다.

묵자는 유신론자인가?

그러면 묵자는 유신론자인가? 그가 하늘의 의지를 가르치고 귀신의 존재를 밝히려 하지만, 이것은 신의 권위를 빌어 세상을 교화하려는 일종의 신도설교(神道設敎)의 수단일 뿐이다. 묵자의 말을 분석해 보면, 그가 진심으로 하늘과 귀신의 존재를 믿고 있었다고 보기는 어렵다. 그는 성대하게 장례 지내는 것을 반대할 뿐만 아니라 많은 제물을 차려놓고 제사 지내는 것도 낭비라고 하면서 반대한다. 이는 묵자가 하늘과 귀신에게 맹목적으로 고개 숙여 절하는 것이 아님을 보여주는 것이다. 그러면 묵자는 왜 하늘을 받들고 귀신을 섬기라고 요구하는가?

묵자는 평생 세상을 부유하게 하고 세상의 해악을 없애기 위해 바쁘게 다니면서 목소리를 높였다. 그러나 분명히 알게 된 것은 자신이 아무리 애써 봐도 세상 사람들, 특히 통치자들은 그의 정치적 주장을 믿지 않는다는 것이다. 묵자는 전통문화 중에서 하느님과 귀신에 대한 신앙을 발굴해 이러한 초자연적이고 신비한 힘을 빌려 통치자를 견제하고, 그의 구세 이상을 실현하려 한 것이다.

다시 말해 묵자의 '천지'와 '명귀'는 원시적 귀신신앙의 옷을 빌려 입고 있지만, 그 본질은 묵자의 사회·정치 이상을 실현하기 위한 수단일 뿐이다. 묵자가 하늘과 귀신을 받들라고 하는 것은 하늘과 귀신의 힘을 빌려 사회를 개조하고 나라의 질서를 잡으려는 것이다. 즉, 하느님과 귀신의 권위로 그의 이상을 실현하려는 것이다. 하늘과 귀신을 이용해 모든 사람들(통치자를 포함)을 교화하려는 '신도설교'가 묵자의 방안이다.

선진 제자 중에서 묵자만큼 분명하게 '천지'와 '명귀'를 주장하는 사람은 없다. 그러면 묵자는 종교가인가? 묵가학파는 종교의 교파인가? 이 문제에 대해 학자들의 의견은 분분하다. 궈모뤄(郭沫若)는 묵자가 예수나 마호메트 같은 교주라고 말한다. 그러나 쉬푸관(徐復觀)이나 차이런호우(蔡仁厚) 같은 학자들은 묵가학파는 종교단체가 아니라고 한다.

내용만 보면 묵자는 하늘을 받들고 귀신을 섬기는 존천사귀(尊天事鬼)를 선명하게 드러내고 있다. 묵가학파는 거자를 우두머리로 하여 엄격한 기율을 갖춘 민간단체로 확실히 종교 조직과 비슷한 점이 있다. 그러나 종교란 일반적으로 신비적인 색채를 띠고 교주 본인이 대단한 법력을 가졌음을 자처한다. 또 종교는 일반적으로 초월적이고 내세적인 행복을 추구한다. 묵자가 일생동안 추구한 것은 서민들의 고통을 없애고, 서로 돕고 사랑하며 공평하고 정의로운 사회를 건립하는 것이었다. 그래서 맹자의 표현대로 머리끝에서 발끝까지 살이 다 닳도록 천하를 이롭게 하려 한 것이다.

이외에 묵자의 주장은 사회의 폐단에서 출발해 사회의 현실을 바로 세우려는 것이었다. 묵자의 학설은 사람들을 미지의 세계로 이끌려고 한 것이 아니라 현실에 입각해 사회를 적극적으로 개혁하려 한 것이다. 그러므로 묵가는 종교적인 모습을 갖추고 있으나 종교는 아닌 것이다.

비록 묵가는 종교 조직이 아니나 묵자가 가진 종교적 색채의 '천지' '명귀' 사상은 중국 도교의 발생에 깊은 영향을 주었다. 도교에서도 역시 하느님이 우주의 최고 주재자다. 묵자의 '천지'는 일체의 시비선악을 재는 표준이며, 하늘은 세상의 최고 결재자로 되어 있다. 초기의 도교 경전인 『태평경(太平經)』 역시 이와 같다. 『태평경』에서는 하느님이 세상의 결재자이고 상벌의 공정성을 강조한다. 이것으로 보아 초기 도교

의 하느님의 권위와 묵자의 하늘이 가진 상벌의 권능은 일맥 상통한다고 말할 수 있다.[58]

운명은 없다

그런데 묵자는 이미 하늘을 믿고 귀신을 믿었음에도 불구하고 '비명(非命)'[59]을 통해 운명론을 부정한다. 묵자가 운명론을 부정하는 것은 그가 깊이 하늘의 뜻을 믿기 때문이며, 귀신이 착한 사람에게는 상을 주고 난폭한 사람을 벌한다는 것을 믿기 때문이다. 묵자는 하늘의 뜻을 따르고 귀신의 이익에 맞는 사람이면 복을 얻을 것이며, 그렇지 못하면 재앙을 받을 것이라고 말한다. 화와 복은 오로지 자기 자신의 행동에 따르는 것이고, 각 개인의 자유의사에 따라 초래되는 것이지, 결코 운명으로 정해진 것이 아니라는 주장이다. 만약 화와 복이 모두 운명으로 정해졌다면 선행을 하지 않아도 복을 얻을 것이며, 악행을 하지 않더라도 화를 입을 것이다. 그러므로 사람들이 모두 운명론을 믿는다면 아무도 열심히 노력해 착하게 살 사람은 없을 것이다.[60]

묵자는 비록 하늘이 있고 귀신이 있으나 힘써 일해 복을 구해야지, 팔짱 끼고 앉아 하늘의 도움을 기다려서는 안 된다고 말한다. 개인의 화와 복은 자신의 행위에 따라 오는 것이지, 이미 결정된 것이 아니다. 만약 일체가 운명적이라면 하늘과 귀신이 내리는 상벌 같은 여러 가지 종교적 제재가 그 효력을 잃을 것이며, 좋은 일을 위해 노력하는 사람도 없을 것이다.

묵자가 '천지'와 '명귀'를 내세운 목표는 하늘과 귀신이라는 가공의 힘을 빌려 백성들로 하여금 '겸애'를 실천하게 하여 그의 경세의 이상을 달성하려는 데 있다. 그러므로 공리주의적인 관점에서 볼 때 '비명론'과 '존천' '명귀'의 사상은 유용한 것이고, 두 사상에는 모순이 없다.[61]

공정한 인사와 통일된 정책

현인정치로 국가부흥

묵자가 살던 춘추와 전국시대 사이에는 봉건제도가 붕괴되기 시작하고 사회, 정치가 근본적으로 변화하기 시작했던 때다. 그러나 묵자 당시에는 아직 귀족정치가 완전히 없어지지 않아 묵자는 현인(賢人)에 의해 정치를 구현하는 구체적인 방법을 제시하기 위해 '상현론(尙賢論)'을 내놨다. 상현론은 철저한 능력 위주의 관리 선발과 엄격한 능력 평가를 통한 관리의 통제로 이상적인 인사제도를 확립하고자 한 것으로 묵자 특유의 정치관이 드러난다.

묵자는 먼저 당시의 통치자들은 모두 국가가 부유해지고, 인구가 늘어나고, 법과 행정이 잘 다스려지기를 바라지만 실제로는 국가가 가난해지며, 인구가 줄어들고 법과 행정이 잘 다스려지지 않아 혼란에 빠진 원인을 생각한다.

묵자는 그 원인이 국가를 통치하는 사람들이 현명한 사람들을 존중하고, 능력 있는 사람들의 등용하는 것을 정치의 방침으로 삼지 못했기 때문이라고 한다. 현명하고 훌륭한 선비들이 많으면 국가의 안정도는 높아지고, 현명하고 훌륭한 선비들이 적으면 국가의 안정도는 낮아진다. 그러므로 위정자들이 가장 힘쓸 일은 나라에 현명한 사람이 많도록 하는 데 있다.

통치자들 스스로가 옷을 짓지 못하기에 능력 있는 재단사의 힘을 빌리고, 스스로 소나 양을 잡을 수가 없기에 도살 전문가의 손을 빌리지 않을 수 없다. 묵자는 이와 같이 일상생활에서는 전문가를 소중하게 여겨 능력을 발휘하게 하는 도리를 알면서 나라를 다스리는 큰 일에 있어서는 능력도 없는 친인척이나 측근을 발탁해 일을 맡기는 것은 '작은 것에는 밝고, 큰 것에 어두운 것'과 같다고 한다. 묵자는 또 "세상의 군자들로 하여금 개 한 마리나 돼지 한 마리를 요리하게 하면 할 줄 모른다고 그것을 사양한다. 그러나 그로 하여금 한 나라의 재상을 맡게 하면 능력도 없으면서 그 일을 맡으려 한다. 이것이 어찌 잘못된 일이 아닌가?"[62]라고 개탄한다. 한 나라의 재상 역할이 개와 돼지를 잡는 것보다 쉽다면 이것은 황당무계하고 도리에 어긋난다.

친척들을 등용하면 귀족정치가 되고, 능력도 없는데 부귀해진 자와 가까이 있어 친하게 된 사람들을 등용하면 사인정치(私人政治)가 된다. 묵자는 평민 출신으로 당시의 귀족정치와 불합리한 계급제도 아래 심한 멸시와 압박을 받았던 것으로 보인다. 당시 귀족과 평민의 계급 차이는 엄청나 정치뿐만 아니라 경제 및 일상생활에까지 평민들은 차별대우를 받았고, 귀족들은 평민들의 갖은 희생 위에서 특별한 혜택과 대우를 받으며 호화생활을 누렸다. 이러한 불합리한 현상에 크게 불만을 품은 묵자는 귀족정치와 사인정치를 적극 반대하고, 현인정치를 주장하게 된다.

능력에 따라 평민도 등용

그러면 묵자가 말하는 현인(賢人)이란 어떤 사람인가? 현인은 군주가 정치함에 있어서 필요로 하는 능력을 갖추고 군주의 정책을 실행하는 사람을 말한다. 따라서 현인은 덕행에 독실하고(厚乎德行), 변론을 잘하며(辯乎言談), 학예에 능통(博乎道術)해야 한다. 즉, 현인은 백성들을 춥고 배고프지 않도록 배려하는 겸애의 덕이 두터워야 하며, 논리적인 사고로 대화하고 논쟁할 수 있는 능력을 가져야 할뿐만 아니라, 정치·경제 및 군사 등의 학술에 두루 능해야 한다. 이런 사람이야말로 반드시 하늘의 뜻에 따라 하늘과 귀신, 백성을 이롭게 할 수 있다는 것이다.

현인의 표준이 이러하다면 '상현'의 방법은 무엇인가? 묵자는 현인을 임용함에 있어 철저한 능력 본위의 관료 선발과 능력 심사를 바탕으로 한 적소배치를 주장한다. 임용 대상자의 말을 자세히 들어보고, 그의 도덕성과 업무능력을 파악해 그 사람에게 알맞은 자리를 마련해 준다. 그래서 묵자는 "나라를 다스릴 능력이 있는 사람에게 나라를 다스리게 하고, 장관이 될 만한 사람에게 장관이 되게 하고, 한 고을을 다스릴 만한 사람에게 고을을 다스리게 해야 한다"[63]고 한다.

비록 현자라 하더라도 사람마다 각각 현명의 정도가 다르기 때문에 재능이 풍부한 사람이 그보다 적은 재능을 가진 사람에게 통제를 받을 수 없으며, 재능이 적은 사람이 재능이 큰 사람의 자리를 차지할 수도 없는 것이기에 그 능력에 따라 기용해야 한다는 것이다. 현인을 등용하고 그릇의 크기에 따라 일을 맡겨야 능률이 오르는데, 능력을 따지지 않고 친척이나 측근을 기용하면 겨우 십분의 일 정도 밖에 일을 해내지 못해 나랏일을 그르치게 된다.

묵자는 능력에 따라 현인들의 직위가 정해진 다음에도 '삼본(三本)', 즉 '높은 직위' '풍부한 녹(祿)' '충분한 권한'을 부여해 그들의 재능을 십분 발휘할 수 있게 함으로써 국리민복을 도모할 수 있다고 주장한다. 이렇게 삼본을 세우는 까닭은 지위가 낮으면 백성들이 존경하지 않고, 봉록이 적으면 백성들이 믿지 않고, 권위에 의해 법령이 단호하게 시행되지 않으면 백성들이 두려워하지 않기 때문이다. 현인을 이렇게 우대하는 것은 현인 개인을 특별히 대우하기 위해서가 아니라 국가의 과업을 완성해 만민을 이롭게 하기 위해서다.[64]

현인들을 특별히 대우해야 하는 또 하나의 이유는 직책을 수행하다 보면 위험한 경지에 이를 수 있기 때문이다. 묵자는 뾰족한 송곳이 먼저 무뎌지고, 물맛 좋은 샘이 먼저 마르듯 직간하는 유능한 관리가 정직함으로 인해 죽임을 당할 수 있다고 말한다. 현인들은 오직 나라를 위해 의롭게 일하고 훌륭한 업적을 쌓아도 그 위대함으로 인해 희생당하기도 한다. 따라서 현인들은 마땅히 특별히 대우해야 한다는 것이다.

묵자는 또 능력 있는 현인이라면 군주와 의견이 같지 않다 하더라도 등용해야 한다고 말한다. 마치 양자강이나 황하와 같은 큰 강이 작은 골짜기의 물이 들어와 가득 차는 것을 싫어하지 않음으로써 큰 강이 될 수 있듯 성인도 일을 함에 있어 과감하고, 또 자신과 다른 의견도 용납하기 때문에 천하의 유용한 그릇이 될 수 있는 것이다.

흔히 군주는 자신과 같은 의견의 사람만을 등용하고, 자신과 다른 의견을 가진 사람을 등용하지 않음이 일반적이다. 그러나 묵자는 남을 사랑하기를 자기를 아끼듯 해야 한다는 겸애의 도리에 따라 이념과 정책이 다르다 하더라도 나라를 위해 필요한 인재라면 널리 등용해 우대해야 한다고 주장한다. 이는 오늘날의 인사정책에 비추어 보더라도 매우 앞선 것으로 주목할 만하다.

묵자는 또 현인을 등용해 능력에 따른 직책을 부여하고, 업적과 공과에 따라 상벌을 가함으로써 한 번 관리가 되었다고 해서 항상 관직이 보장되는 것은 아니고, 평민이라도 언제나 관직에 나아갈 수 있는 기회가 주어지는 사회를 구현해야 한다고 주장한다. 묵자는 "덕이 있는 사람을 높은 지위에 나아가게 하고, 관직에 따라 일을 하도록 하며 노고를 보아 상줄 사람을 정하고, 공적을 헤아려 녹을 나누어 준다. 그러므로 관리라고 언제까지나 고귀한 자리에 있는 것이 아니고, 일반 서민이라도 죽을 때까지 천한 신분으로 있는 것이 아니다. 누구든지 유능하면 임용되고, 무능하면 낮은 자리로 떨어진다. 즉, 공정한 의로움을 앞세워 사사로운 원한을 버리는 것이다"[65]라고 말한다.

이와 같이 능력에 따라 녹을 나누어 준다는 것은 철저한 능력급을 말하며, 관리들의 진퇴임면(進退任免)에 있어서도 개인의 재능의 대소에 따라 결정할 뿐이지, 출신 성분을 일체 따지지 않는다는 것이다. 이는 관료 선발에 있어서도 사농공상의 계급제도를 타파하고자 하는 매우 진보적인 사상으로 묵자 상현사상의 근본정신을 엿볼 수 있다.

국가의 기원

하지만 오직 상현만으로는 사회가 안정되리라는 보장이 없다. 그래서 묵자는 또 '상동'을 창안했다. 묵자는 상현과 함께 상동을 정치의 근본이자 요체로 본다. 상현이 정치의 근본이 되는 것은 누가 정치를 담당하는가를 다루기 때문이고, 상동이 정치의 근본이 되는 것은 어떻게 정치해야 하느냐의 문제를 다루기 때문이다.

'상동(尙同)', 즉 '상동(上同)'은 윗사람과 뜻을 같이함이다. 전국의 각급 관리직은 모두 현인이 맡는 것을 전제로 한다. 현인으로 하여금 '천하의 의견을 하나로' 하게 하여 사회 안정을 실현하고 천하를 태평하게 하는 것이다. 이것은 묵자의 이상이다.

묵자는 "옛날에 사람이 처음 생기고 아직 정치조직이 없을 때 사람들은 저마다 자신의 의견을 가지고 있었다. 한 사람이면 한 가지 의견, 열 사람이면 열 가지, 백 사람이면 백 가지 의견이 되었다. 사람들은 각기 자신의 의견이 옳고 남의 의견은 그르다고 비난했다. 그리하여 세상이 혼란해 금수의 세계와 다름이 없었다"[66]고 말한다. 사람마다 자신의 의견이 바르다고 주장하게 되면 사회는 혼란해지게 되므로 이러한 자연 상태에는 질서가 필요하다는 것이다. 질서는 바깥에서부터 강제적으로 이루어진다. 묵자는 그 '바깥'이란 절대적인 하늘이라고 말한다. 하늘의 뜻을 실행하기 위해서는 정치조직이 필요하다.

천하가 혼란해지는 것은 통치자가 없는 데서 생긴다. 그래서 천하의 현명하고 훌륭한 사람을 선출해 천자로 내세운 것이다. 천자가 있어도 그 한 사람의 능력만으로는 부족하므로 천하의 현명하고 훌륭한 사람들을 선출해 삼공(三公)으로 삼았다.[67]

홉스에 따르면 인간이 처음 생겨나 국가가 없는 자연 상태에서는 만인이 만인의 적이었으며 서로 쟁탈하고 종일 투쟁했다. 이런 상태에 불만을 느낀 인간은 부득이 하나의 절대적인 통치자를 설정해 복종할 것을 서로 약속했다. 국가의 기원이 이러했기 때문에 그 권위는 절대적이어야 했다. 국가 권위의 절대성은 마치 하느님의 경우와 같다. 다만 하느님은 영존하지만 국가는 사멸할 따름이다. 펑유란은 이와 같은 홉

스의 철학과 묵자의 정치철학이 매우 흡사하다고 말한다.[68]

정치구역은 천하(天下)·국(國)·향(鄕)·리(里)의 네 급으로 나누고, 각 급의 정치지도자로는 천하에 천자를 두고 삼공이 이를 보좌하게 하며, 국에는 국군(國君) 혹은 제후를 두어 장군, 대부가 이를 보좌하게 하고, 향에는 향장, 리에는 이장을 두었다. 정치조직상으로는 천자가 가장 높은 존재이지만, 백성들이 가장 높이 받들고 따라야 할 존재는 하늘이다.

> 천하의 백성들이 모두 천자와 뜻을 같이해 따르지만, 하늘의 뜻과는 같이해 따르지 않으므로 재앙이 사라지지 않는다. 폭풍이 치고 폭우가 내리는 것은 하늘이 자기의 뜻을 따르지 않는 백성들을 벌주려는 증거다.[69]

백성들이 천자만 따르고 하늘의 뜻을 따르지 않으면 하늘은 벌을 내린다. 여기서 묵자는 하늘이 정치적으로도 최고의 존재임을 분명히 한다.

중국 고대에는 대부분 군주제를 채택했고, 묵자도 이에는 이의가 없었다. 그러나 군주가 권력을 한 몸에 모아 천하를 통치해야 하는 중요성 때문에 천자는 마땅히 성인이나 현인이 맡아야 한다는 것이 정치사상의 공통전제이지만, 천자를 누가 선택하며 어떤 방식으로 선택하느냐가 문제다. 이에 대한 『묵자』의 어의(語意)는 대단히 모호해 학자들에 따라 천선설(天選說)과 민선설(民選說) 등으로 학설이 나뉘어 있다.[70]

『묵자』에 나타난 다음과 같은 이유만으로도 묵자는 '천선'을 주장했으리라 추측된다. 즉, 「상현」 각 편에서는 "귀하고 지혜 있는 사람들을 써서 어리석고 천한 사람들을 다스리도록" 했고, 「상동」 각 편에서는 상급자가 하급자를 선립(選立)하게 되어 있다. 천자는 '천하의 현명하고 훌륭하며 성스럽고 분별력 있는 지혜로운 사람'이 되어야 하지만, 그는 반드시 하늘과 뜻을 같이 해야만 하기에 천자의 위에 하늘이 있음을 알 수 있고, 「천지」 각 편에서 하늘은 이지적이고 지고무상(至高無上)의 존재로 모든 의(義)가 하늘로부터 나온다. 따라서 천자는 하늘이 선립하는 것으로 볼 수 있다.[71]

묵자의 하늘은 우주의 주재자로 인격과 의지, 감정을 가진 절대적 존재다. 그러므로 하늘이 선립하는 천자는 천하의 인인(仁人)이 틀림없으며, 그가 하는 일은 백성의 이익에 부합한다. 또 천자는 백성의 이익을 위해 열심히 일해야 백성의 친애하는 마음을 얻을 수 있다. 이로 보아 천자는 하늘에 의해 선립되지만, 인민의 사랑과 옹호도 받아야 하는 것임을 알 수 있다. 곧 천심과 민심은 둘이 아니라 하나인 것이다.

하늘은 추상적인 존재이므로 선거나 감독을 할 수 없고, 인간의 손을 빌어 모든 것을 해낸다. 옛날 순 임금은 역산

(歷山)에서 밭갈이를 하고, 황하의 변두리에서 질그릇을 굽고 뇌택(雷澤)에서 고기를 잡으며 살았으나 요 임금이 복택(服澤)의 북쪽에서 순을 보고 어진이라 데려다가 천자로 세우고, 천하의 정치를 맡겨 온 백성을 다스리게 했다.[72] 여기서 순을 천자로 선립한 것은 요 임금이지, 하늘이 아니다. 그러면 요 임금이 수많은 사람 중에서 순을 내세운 것은 자기 혼자만의 결정인가? 그렇지 않다. 맹자의 말을 보자.

> 천자라 하더라도 다른 사람에게 마음대로 천하를 줄 수 없다. 순이 섭정으로 요 임금을 28년이나 도왔으니 그것은 사람이 해낼 수 있는 일이 아니고 하늘이 시킨 것이다.[73]

이와 같이 요 임금이 순 임금을 선립한 것은 하늘의 안배에 의한 것이며, 하필 순을 택한 것은 그가 현명하고 백성들에게 이익을 줄 수 있는 인물이기 때문이다. 그러므로 천의(天意)와 민의(民意)는 실로 둘이 아닌 것이다.

일사불란한 정치조직

천자와 각급의 정치 지도자가 선립되면 마땅히 천하의 이익을 일으키고 해로움을 제거하도록(興天下之利, 除天下之害)

해야 할 것이다. 이러한 목적을 달성하기 위해 묵자는 「상동」편을 통해 치밀한 이론을 전개한다. 그가 주장하는 '상동'의 원칙이 무엇인지 살펴보자.

첫째, "선한 일이나 선하지 못한 일을 듣고 알았을 때는 반드시 상급자에게 보고해야 한다(聞見善, 不善必以告其上)." 묵자는 나라와 백성이 잘 다스려지고 잘못 다스려지는 것은 그 정치가 백성들의 실정에 얼마나 잘 맞는지 맞지 않는지에 달려 있으므로 통치자는 백성들의 언행을 잘 살펴 상선벌악해야 한다고 말한다. 백성들의 실정을 살피는 방법으로는 모든 백성들로 하여금 선한 일이나 선하지 못한 일을 듣고 알았을 때 반드시 상급자에게 보고할 것을 원칙으로 하고 있다.[74]

둘째, "상급자가 옳다고 하는 것은 모두가 옳다고 해야 하고, 상급자가 그르다고 하는 것은 모두가 그르다고 해야 한다(是上之所是, 非上之所非)." 묵자는 당시의 사회가 각각 다른 의견을 가진 사람들이 다투는 혼란에 빠져 있으므로 천하의 사상을 하나로 통일하고, 백성의 언행을 일치시키고자 했다.[75] 물론 백성들로 하여금 천자 및 각급 정치지도자의 의견을 따르게 하려면 통치자 자신이 먼저 인인(仁人)·현인(賢人)이 되도록 하는 것이 선결조건이다. 이를 위해 묵자는 따로 상현론을 설정한 것이다.

셋째, "상급자에게 잘못이 있으면 규간하고 하급자에게 선

한 일이 있으면 이를 추천해야 한다(上有過則規諫之, 下有善則
傍薦之)." 비록 각급의 정치 지도자가 현인이라 하더라도 잘
못을 저지를 가능성을 전혀 배제할 수 없으므로 하급자로
하여금 이를 간쟁할 권리를 부여한 것이다. 그러나 하급자가
상급자를 규간했을 때 상급자가 이를 받아들인다면 별 문제
가 없겠지만, 앞의 원칙에 의해 이를 받아들이지 않는다면
어떻게 하는가? 이런 경우 그 상급자가 정말 잘못을 저지르
고도 고치지 않는다면 잘못을 저지른 상급자는 그 상급의
지도자로부터 적당한 처벌을 받게 되었을 것으로 보인다. 그
렇지 않으면 규간 제도에 아무런 의미가 없기 때문이다. 또
하급자가 선언과 선행을 했을 때는 이를 추천하고 상을 받을
수 있도록 규정해 선행을 장려하고 있다.

상하 소통의 정치

묵자는 세밀하고도 완전하게 짜여진 '상동'의 정치조직을
통해 천자가 상벌권으로 각급의 지도자를 장악하고 천하에
군림함으로써 천하의 모든 사상과 예법, 습속 등을 하나로
통일할 수 있다고 주장한다. 그러면 이러한 상동정치를 통해
어떤 정치효과를 얻을 수 있는가?

첫째, 상하의 뜻이 서로 통하게 된다. 묵자는 백성들의 실

정에 맞는 정치를 중요하게 생각해 "정치가 백성들의 실정에 맞으면 다스려지고 실정에 맞지 않으면 다스려지지 않는다"[76]고 했다. 그래서 천자는 천하에, 제후 국군은 그 나라에, 향장은 그 향리에, 이장은 그 동리에 각각 정령을 내려 상부의 뜻이 아래로 서민에게까지 이르게 하고, 하부의 뜻이 상부에 통하도록 한 것이다.

그러나 천자는 사람이지, 신이 아니다. 천자가 신처럼 훤히 알 수 있는 것은 천하 사람의 이목을 빌어 자신의 보고 듣는 일에 도움이 되게 하고, 천하 사람의 입을 빌어 자신의 언론에 도움이 되게 하며, 천하 사람의 생각을 빌어 자신의 사려를 돕게 하고, 천하 사람의 팔다리를 빌려 자신의 동작에 도움이 되게 했기 때문이다.

이와 같이 묵자는 건전하고 강력한 정치를 구현하기 위해서는 천자가 모든 백성의 행동을 직접 파악해야 할 것으로 믿고, '전민정보제도(全民情報制度)'의 실시를 주장해 백성 한 사람 한 사람이 모두 이 제도의 한 정보원이 되어 가장 신속하고 확실한 정보를 의무적으로 제공하도록 하고 있다.

그러나 이와 같은 묵자의 주장은 열 집 내지 다섯 집을 한 조로 묶고, 조합원 가운데 범죄자가 있으면 서로 고발해야 할 의무를 지며, 만일 고발하지 않았을 경우 조합원이 모두 연대책임으로 동일한 처벌을 받는 상앙(商鞅)의 '고상좌법

(告相坐法)'과는 근본적으로 다르다. 묵자는 선과 불선을 모두 상급자에게 알려 사상을 통일하고, 정치적인 계층과 제도를 확립해 모든 백성들이 천자와 하늘의 명령에 귀일하게 하려는 것이지만, 상앙의 고상좌법은 사람들의 상호감독을 통해 파괴 활동을 막고자 하는 것이다.

둘째, 백성들의 도움으로 일마다 성공을 보게 된다. 백성들이 천자에게 동조하면서 또 그 위 하늘의 뜻에 동조해 하늘이 싫어하는 일을 피하고, 하늘이 하고자 하는 일에 나아가 천하를 이익 되게 하고, 천하의 모든 해독을 제거해 주면 정치를 함에 있어 계획대로 되지 않는 일이 없다. 일마다 성공하게 되고, 나라를 수비하면 그대로 탄탄해지며, 밖에 나가 적과 싸우면 반드시 이기게 된다. 또 '상동'의 원칙으로 정치를 하게 되면 천자는 그의 시청(視聽)을 돕는 사람이 많아 그만큼 먼 데까지 보고 들을 수 있고, 언론을 돕는 사람이 많아 그만큼 천자의 은혜로운 목소리가 널리 퍼질 수 있고, 많은 사람들을 즐거이 따르게 할 수 있다. 이와 같은 상동정치의 효과는 "한 눈으로 보는 것은 두 눈으로 보는 것만 못하고, 한 귀로 듣는 것은 두 귀로 듣는 것만 못하다. 또 한 손으로 물건을 잡는 것은 두 손으로 잡는 힘만 못하다"[77]는 옛 말과 같이 만민이 하나를 향해 뜻을 모으고 힘을 합치면 모든 일이 쉽고 빠르게 진행됨을 나타낸다.

셋째, 상벌이 공정하게 된다. 묵자는 "같은 형벌을 가지고도 이를 적절하게 잘 사용하는 사람은 나라를 잘 다스리게 되고, 이를 잘못 사용하는 사람은 다만 포학한 형(刑)을 써서 사람을 죽이는 결과가 된다"[78]고 주장한다.

만약 상하의 의견이 제각기 다르다면 상으로도 착한 일을 권장할 수 없을 것이요, 형벌로도 악한 짓을 못하게 막을 수 없다. 왜냐하면 실제로 상하의 의견이 같지 않다면 시비와 선악에 대한 개념도 달라질 것이니 위에서 선하다고 상을 내리는 것이 많은 사람들의 비난의 대상이 될 수도 있으며, 위에서 나쁘다고 벌을 내리는 것이 세상에서는 선한 일이라고 칭찬 받을 수 있기 때문이다. 그래서 오직 상급자의 뜻에 동조하는 상동의 정치와 의견을 하나로 통일하는 방침 아래 정치를 해야 한다. 그러면 백성들이 생각하는 선과 불선이 무엇인가를 분명히 알 수 있어 선한 사람을 가려 상을 주고 난폭한 사람을 끌어다 벌을 줄 수 있다. 이와 같이 선한 사람이 상을 받고 난폭한 사람이 벌을 받는다면 나라는 틀림없이 잘 다스려질 것으로 묵자는 믿고 있다.

그러나 의견 통일을 지나치게 강조한 상동론은 통치자의 권위를 강화함으로써 그들의 전횡을 야기할 수 있으며, 백성의 의견을 하나로 통일한다는 것은 인간의 개성을 무시하고 인성의 존엄성을 해칠 수 있어 실제 시행하기에는 문제가 있다.

소비의 절약과 음악 반대

　관자(管子)는 "살림이 안정될 때 비로소 백성들은 예절을 알게 될 것이며, 의식이 넉넉할 때 비로소 영욕을 가리게 될 것"[79]이라 하여 민생의 해결이 무엇보다 앞서야 할 것임을 강조했다. 묵자 역시 "풍년이 들면 백성들의 마음이 선량해지고, 흉년이 들면 백성들의 마음이 탐욕스럽고 험악해진다"[80]고 하면서 '천하의 이익을 증진하고, 천하의 해악을 제거할 것(興利除害)'을 주장한다. 그는 '흥리제해'를 그의 경세의 목표로 삼고 경제과제로 삼아 민생을 해결하고 사회를 안정시키려 했다.

최소한의 소비

묵자의 경제사상에서는 생산·교역·분배·소비의 네 가지 분야가 두루 다루어지고 있는데, 특히 소비를 절약해야 한다는 주장이 중심이다. 묵자가 절약을 중시하는 이유는 인간이 추구하는 여러 가지 욕망의 향수를 근본적으로 부정해 각박한 생활을 하도록 가르치려는 것이 아니다. 끊이지 않는 전쟁의 참화와 소모로 당시의 경제사정이 극히 어려운데도 불구하고 통치자들의 사치와 낭비가 극에 이르러 백성들은 생존에 필요한 최저생활을 유지하는 것도 어렵기에 인간으로서의 최저생활을 보장토록 하기 위함이었다.

'절약'이란 재물과 정력, 시간을 사용함에 있어서 마땅히 써야할 것만을 쓰는 것이다. 쓰지 않아도 될 것을 쓰는 것이 아니고, 마땅히 써야할 것을 쓰지 않는 것도 아니다. 절약은 중국의 전통미덕으로 일반적으로 농업사회가 가지고 있는 보편관념이기도 하다. 일찍이 공자는 절약을 주장해 "예는 사치함보다는 차라리 검소한 것이 낫다"[81]고 했고, 노자도 "사치하고 낭비하는 것은 도적의 괴수"[82]라고 했다. 그러나 중국의 고대 사상가 중에서는 묵자만큼 체계적으로 사치를 반대하고 절약을 실행한 이가 없었다. 유가와 도가도 모두 사치를 배격하고 검약을 주장했지만, 대부분 소극적인데 비해 묵자의 절약 정신에는 적극적인 의미가 있었다.

그래서 사마천(司馬遷)은 『사기(史記)』에서 묵자를 소개하면서 "묵적은 송나라 대부로서 나라를 방어하는 일을 잘했고 절용을 주장했다"[83]고 하면서 '절용'을 묵자 사상의 대표로 꼽고 있다. 또 제자백가의 분류를 맨 처음으로 시도한 사마담(司馬談) 역시 절용 정신이 묵자 사상의 특색이며 장점으로 그 누구도 따를 수 없는 것이라 적고 있다.

묵자가 활동한 때는 해마다 전쟁이 일어나 피해가 극심했던 전국시대 초였다. 이때의 통치자들은 절약할 줄 모르고 극도로 사치스러운 생활을 일삼아 국고는 텅텅 비고 백성들은 굶주림과 노역에 시달리고 있었다. 통치자들의 사치와 낭비로 인해 백성들이 곤궁에 빠지게 되었으므로 묵자는 통치자들에게 사치와 낭비의 폐습을 버림으로써 국가와 천하의 부를 증가시키는 데 이바지할 것을 가르친다.

성인이 한 나라의 정치를 하면 그 나라의 부를 배로 늘릴 수 있다. 그것을 확대해 천하의 정치를 맡으면 천하의 부를 배로 늘릴 수 있다. 그가 부를 배로 늘이는 것은 밖에서 땅을 빼앗아다가 늘리는 것이 아니다. 그 국가의 사정에 따라 쓸데없는 비용을 없앰으로써 두 배로 부를 늘리는 것이다.[84]

국가의 부를 증가시키려면 다른 나라를 침략하거나 병탄(幷呑)하여 땅을 확장할 필요 없이 쓸데없는 낭비를 막고 소비를 절약하면 된다는 것이다. 그러면 어떻게 해야 절약할 수 있는가? 이에 대해 묵자는 두 가지 원칙을 세웠다.

첫째, 모든 것은 백성의 소용에 부족함이 없도록 공급이 되면 그것으로 그친다. 묵자는 인류의 욕망은 생명을 유지하는 데 필요한 최저한도를 표준으로 해야 함이 마땅하다고 생각했다. 만약 이 한도를 초과한다면 그것은 모두 생활의 필수품이 아니라 사치품이 되므로 반드시 절제해야 한다. 묵자는 통치자들의 사치스럽고 무절제한 생활에 반대하고, 모든 사람들이 지켜야 할 절용생활의 표준을 다음과 같이 정했다.[85)]

① 음식은 오로지 허기진 배를 채워 기운을 계속 유지하고 신체를 건강하게 해 이목을 총명하게 할 수 있으면 된다.

② 옷을 입는 목적은 몸에 맞고 추울 때는 따뜻하도록, 더울 때는 시원하도록 사람의 피부를 잘 보호해 주는 것으로 만족할 따름이지, 아름다운 모양을 꾸미고서 다른 사람 앞에 자랑해 보이고자 하는 것이 아니다. 그러므로 옷이란 실용적이면 되지, 보기에 좋을 필요는 없다.

③ 집은 겨울에는 바람과 추위를 막을 수 있고, 여름에

는 비와 더위를 막을 수 있을 만큼 튼튼하게 지으면 된다. 또 남녀의 예를 차릴 수 있고 도둑을 막을 수 있을 만큼 실용적이면 그만이지, 실제 이익에 벗어나는 사치스런 것은 일체 필요로 하지 않는다.

④ 배와 수레는 교통수단으로써 짐을 운반하고 먼 길을 가기 위해 만든다. 그러므로 사방의 교통을 편리하게 하기 위한 배와 수레는 단단하고 가볍고 쓰기에 편리하면 그만이지, 아름다운 무늬와 장식은 필요로 하지 않는다.

⑤ 남녀관계의 정은 천지자연의 정으로 옛 성왕이 살아 있다 해도 고쳐 놓을 수 없는 것이다. 그러므로 임금은 감정을 절제해 그 행실에 흠이 없게 해야 하며, 수천 수백의 비첩을 궁중에 두어 홀로 사는 남녀가 생기는 일이 없도록 해야 한다. 또 전쟁이나 노역으로 남녀가 오래도록 서로 만나지 못하게 해서도 안 되며, 나이가 차면 곧 결혼하도록 해야 한다. 이렇게 해야만 인구를 늘릴 수 있다.

⑥ 칼을 차고 갑옷을 입음에 있어 칼은 사나운 짐승을 막을 수 있을 만큼 날카롭고 단단하면 되고, 갑옷은 입어서 가볍고 찢어지지 않을 만큼 튼튼하면 되는 것이지, 화려한 장식으로 낭비해서는 안 된다.

이상과 같은 절용생활의 표준은 모두 가장 기본적인 생활

필수조건을 바탕으로 한 것이다. 이 표준을 초과하면 결코 옛 성왕의 법도가 아닌 사치와 낭비가 되어 국가와 천하에 해만 될 뿐 아무런 이익을 주지 못한다는 것이다.

둘째, 백성들에 이익을 더해 주는 일이 아니라면 비용을 일체 쓰지 않는다. 묵자는 재물과 정력, 시간을 사용함에 있어 유리한 효과를 얻을 수 있어야 한다고 생각한다. 예를 들어 음료는 체력을 증가시키므로 노동자에게는 마땅히 사용해야 한다. 그러나 후한 장례와 오랜 상기는 재물을 낭비하고 신체를 훼손시켜 근로를 방해하고 생산을 감소시키는 것이다. 그러므로 반드시 절제해야 한다는 것이다.

묵자는 이상과 같은 절약의 두 가지 원칙에 바탕을 두고 일상생활, 상장(喪葬), 예술의 세 방면에 대해 각각 절용(節用), 절장(節葬), 비악(非樂)의 저작과 주장을 했다. 묵자의 이러한 절용사상에 대해 순자는 "묵자의 말은 뻔한 것이다. 그는 세상을 위해 물자가 부족케 될까 걱정하고 있는데, 물자가 부족하게 될 것이란 걱정은 온 천하의 걱정이 아니라 묵자의 개인적이고 지나친 생각일 따름이다"[86]라고 했다.

그러나 순자의 이러한 비판은 옳지 않은 것 같다. 묵자가 세상을 위해 걱정한 것처럼 오늘날 세계는 이미 자원 부족난을 겪고 있기 때문이다. 함부로 낭비해 천하에 물자가 점점 부족하게 되면 서로 한정된 물자를 가지려고 전쟁을 일으키게 되고, 채색이 아무리 아름다워도 아름다운 것 같지 않고, 음식이 아무리 맛있어도 맛을 모르며, 거처가 아무리 좋아도 안락하게 느껴지지 않는다. 그러므로 이러한 절용의 호소는 진실로 묵자의 구세정신에서 우러나오는 자연적 발로라고 할 수 있다.

간소한 장례

묵자는 당시의 통치자들이나 귀족들이 행하던 후한 장례(厚葬)와 오랜 상기(喪期)에 반대해 간소한 장례와 짧은 상기를 주장한다. '후장(厚葬)·구상(久喪)'은 유가에서 제창한 것이다. 그러나 공자는 일찍이 상례에 있어 검약을 주장한 바 있다. 후장·구상의 예는 주대의 산물이다. 춘추전국시대에 이르러 부패한 유자들의 사치와 낭비는 극심해 심지어 살아 있는 사람을 죽은 사람과 함께 순장한 일도 있었다.

본래의 유가는 사치와 낭비를 반대하고 검박과 절약을 주장하지만 이보다는 도덕적 가치를 더욱 강조하는 입장에서 후장·구상의 원칙을 긍정했다. 이에 대해 유가의 대다수의 예규를 반대한 묵자는 특히 후장·구상의 예규는 생산 및 민생에 해를 끼치는 것으로 개인과 국가를 가난하게 하고 혼란스럽게 하므로 경제적 능력이 허락된다 하더라도 반대한다.

묵자는 생산을 증가시켜 부유하게 하는 것과 인구를 늘리는 것, 혼란스러움을 다스려 안정되게 하는 것, 이 세 가지를 국가와 천하를 이롭게 하는 것으로 '삼리(三利)'라고 불렀다. 묵자는 삼리를 준칙으로 해 후장·구상의 해를 다음의 다섯 가지로 나누어 설명한다.

첫째, 국가를 가난하게 만든다. 왕공대인(王公大人)들이 죽으면 관곽(棺槨)을 두껍게 하고, 죽은 사람에게 입히는 옷을 많이 하고, 널은 무늬와 수를 놓아 꾸미고, 많은 보물을 무덤에 넣어 주느라 창고를 몽땅 털게 된다. 서민층에서 초상이 났을 경우엔 집안 재산을 탕진하게 된다. 또 3년이나 되는 긴 세월을 상기로 한다면 농부와 백공, 부녀들은 그들의 맡은 바 책임을 수행할 수 없게 되어 국가경제에 큰 손실이 된다.

둘째, 인구를 줄게 한다. 제후가 죽었을 경우 순사자(殉死者, 따라서 죽는 사람)의 수가 수백 명, 수십 명이 되고 장군이나 대부가 죽어도 순사자가 수십 명이 되니 인구가 줄어들지 않을 수 없다. 구상을 하게 되면 다른 사람의 부축을 받아야 일어설 수 있을 정도로 허약해져 쉽게 병에 걸려 죽는 이가 수도 없이 많으니 인구가 줄어들게 된다. 또 상례를 지키다 보면 남녀 관계가 오랫동안 적어질 수밖에 없으므로 인구가 줄어들게 마련이다.

셋째, 국가의 질서를 문란하게 한다. 후장과 구상을 윗사람이 실천한다면 국사를 돌볼 수 없을 것이고, 아랫사람들이 실천한다면 어느 누구도 맡은 바 업무를 수행할 수 없을 것이다. 이렇게 되면 먹고 입는 데 쓸 재물이 부족하게 되어 서로 난폭한 짓으로 도둑질만 일삼게 되고 국가의 안정을 기대할 수 없게 된다.

넷째, 강국으로부터의 침략을 막을 수 없게 된다. 후장·구상의 결과로 나라가 가난해지고 인구가 줄어들고 국가의 질서가 문란하게 되면 재화가 부족하고 성곽을 튼튼하게 지킬 수 없으며 상하 모두 화합하지 못하게 되어 다른 나라로 하여금 침략의 야심을 불러일으키게 한다. 이렇게 되면 전쟁이 일어나고, 이런 전쟁에서는 도저히 이길 수 없다.

다섯째, 하느님과 귀신으로 하여금 벌을 내리게 한다. 후장·구상으로 말미암아 경제가 어려워지고 인구가 줄어들고 나라가 혼란해지면 상제와 귀신에게 올릴 제물이 적고 깨끗할 수가 없으며 제사에 게을러져 정해진 시기를 지킬 수 없게 된다. 이렇게 되면 상제와 귀신은 재앙과 벌을 내린다.

이상 다섯 가지의 후장·구상으로 인한 큰 해는 천하 만민을 이롭지 못하게 하는 것으로, 묵자의 독특한 실질논증법인 '삼표법'의 '국가와 백성의 이익에 비추어 볼 때' 어긋나는 것이다. 또 후장·구상은 '삼표법'의 '옛 성왕의 일에 근본을 두는' 기준에도 어긋나므로 묵자는 반대하는 것이다. 요·순·우

의 세 성왕은 후장·구상을 하지 않고 모두 박장(薄葬)·단상
(短喪)의 상규를 만들어 스스로 이를 지켰다.

> 옛날 요 임금은 북쪽에서 팔적을 가르치다 길에서 죽었
> 다. 공산의 음지에 장사를 지냈는데 옷은 세 벌로 하고 나
> 무의 관은 칡으로 묶고 나서 곡을 하고 구덩이를 메우고
> 봉분은 없이 했다.[87]

이는 당시의 후장·구상을 주장하는 유자들이 "후장·구
상은 나라를 부유하게 하고 인구를 늘리며 혼란을 다스릴
수 있는 것은 아니지만, 예부터 내려오는 성왕의 법임에는 틀
림없다"[88]라고 말한 데 대해 그렇지 않다는 것을 입증하기
위한 것이다. 또 묵자는 후장·구상이 성왕의 도가 아닐 뿐
만 아니라 이는 삼대의 폭군이 지어낸 것이라 주장한다. 이
와 같이 후장·구상은 백성을 위해서나 국가를 위해서도 불
리하며 성왕의 도에도 어긋나기 때문에 묵자는 이를 반대한
것이다.

그러면 묵자는 상례와 장례의 제도를 어떻게 해야 절약할
수 있는 것으로 생각했는가? 묵자는 후장·구상이 옛 성왕의
법이 아닌데도 군자들이 이를 고치지 않고 실천하고 있는 것
은 한갓 습관에 젖어 그러한 풍속을 옳다고 여기기 때문이라

믿고, 이러한 습관으로 인한 풍속은 고칠 수 있는 것이라고 생각했다. 묵자는 다음과 같이 새로운 상례와 장례의 표준을 세웠다.

관의 두께는 세 치면 뼈가 썩기까지 넉넉하고, 의복은 세 벌이면 살이 썩기까지 넉넉하다. 무덤의 깊이는 밑으로는 물기가 오르지 않을 정도면 되고, 위로는 냄새가 새어 나오지 않으면 된다. 또 무덤 높이는 산소를 알아볼 수 있을 정도면 된다. 고인을 위해 슬퍼하는 것도 갈 적에 곡하고 올 적에 곡하면 그만이요, 일단 집으로 돌아와서는 곧 먹고 입을 재물을 생산하는 일에 힘쓸 것이며, 제사를 끊이지 않도록 하여 어버이에게 효도를 극진히 하는 것이다.[89]

또 묵자는 3개월의 단상(短喪)을 주장했다 이는 공맹자와 묵자의 다음 대화를 통해서도 알 수 있다.

공맹자가 말하기를 "선생은 3년 상을 비난하지만 그렇다면 선생이 주장하신 3개월 상도 그릅니다"라고 하니 묵자가 "당신은 3년 상을 주장하면서 3개월 상을 비난하니 이것은 마치 벌거숭이가 옷을 걷은 사람을 보고 조심성이 없다고 하는 것과 같다"고 했다.[90]

요컨대 유가에서는 경제적 조건이 허락된다면 그 정을 참작해 후장도 가하다 하고, 친근하거나 존귀한 사람에 대해서는 그 상기를 길게 할 수 있도록 했으나 묵자는 경제적 조건이 허락된다 하더라도 죽은 사람을 위해 재물을 낭비하는 것은 부당하다고 생각해 절장할 것을 주장했다.

묵자는 또 생활을 개선해 비록 친근하고 존귀한 사람일지라도 상기는 똑같이 단축해야 함이 마땅하다고 생각했다. 이와 같이 묵자는 친근하거나 존귀하거나 부자라 하더라도 재물을 낭비해 후장·구상하는 것은 부당하다고 함으로써 묵자의 절장사상 가운데 평등정신이 내포되어 있음도 알 수 있다.

음악은 낭비

묵자의 '비악(非樂)' 주장 역시 그의 절약사상에서 나온 것이다. '비악'의 '악'은 본래 인간의 정신적 감수물로써 경제사상과는 직접적인 관계가 없으나, 음악에 쓰이는 악기나 복장 및 음악을 즐기는 데 필요한 정력과 금전, 시간, 그것이 생산을 저해한다고 생각할 때의 비경제적인 면 등은 경제 및 절약과 관계가 있는 것이다. 그러므로 묵자의 경제사상을 논함에 있어 낭비를 하지 말자는 주장의 일환인 '비악'을 빼놓을 수 없다.

주대 문화의 핵심이었던 예악은 춘추시대에 이르러 본래의 정신은 점점 사라지고 형식적인 것에만 치중하게 되었다. 그래서 공자도 "예라고 하는 것이 구슬이나 비단만을 말하겠느냐. 음악이란 것이 종이나 북만을 말하겠느냐"[91]라고 하면서 "사람이 어질지 못하면 예는 무엇 할 것이며, 사람이 어질지 못하면 음악은 무엇 할 것인가"[92]라는 말로 당시 사람들의 참월함을 개탄한 것이다.

묵자의 시대에 이르러서는 특히 귀족과 통치자들이 밤새워 술을 마시고 음탕한 음악을 즐기며 사치와 낭비를 일삼아 사회의 풍속을 해치는가 하면 끝내는 나라를 망치는 원인이 되었다. 이에 묵자는 음악을 반대하는 '비악'을 주장하게 된 것이다. 음악을 지나치게 좋아해 나라를 망하게 한 역사적 예로 묵자는 제나라 강공(康公)이라는 임금을 들고 있다. 강공은 음악과 춤을 지나치게 좋아해 사치와 낭비를 일삼고 생산에 힘쓰지 않아 나라를 점점 쇠약하게 만들고 끝내 나라가 망하도록 만들었다.[93]

그런데 묵자는 이러한 음악에 대해 절제할 것만을 주장한 것이 아니라 "천하의 사군자들이 진정으로 천하의 이익을 일으키고 천하의 모든 해악을 없애고자 한다면 음악이라고 하는 것은 장차 금지하지 않으면 안 된다"[94]고 했다.

그는 '비악'의 이유를 첫째, '삼표법'의 '본지자(本之者)'에서

89

찾아 음악이 옛 성왕의 일에 어긋나는 것이며 둘째, '용지자(用之者)'에 따라 백성들의 이익에 들어맞지 않기 때문이라고 한다. 그 이유를 구체적으로 살펴보자.

첫째, 음악은 옛 성왕의 일에 어긋난다. 옛 성왕의 책도 음악을 금지할 것을 사람들에게 가르치고 있다. 이를 어겼을 때는 벌을 주거나 재앙을 내리며 그 집안을 파괴하고, 결국 나라를 패망케 한다는 것이다. 또 묵자는 옛 성왕들이 음악을 번거롭게 하지 않았다고 말한다.

둘째, 음악은 백성들의 이익에 들어맞지 않는다. 음악을 연주하기 위해서는 많은 악기가 필요한데 이러한 악기를 만들게 되면 백성들의 재산을 축나게 만들어 백성들을 가난하게 할 뿐이다. 또 음악을 연주하려면 반드시 눈도 밝고 귀도 총명하며 팔다리의 힘도 센 건장한 사람이어야 하는데, 이들이 음악을 연주하는 데 동원되면 농사와 길쌈을 못하게 된다. 그러므로 음악이란 인력을 낭비할 뿐만 아니라 생산을 방해하는 것이 된다.

또 통치자들은 반드시 다른 사람들과 어울려 음악을 듣고자 한다. 음악을 듣는 모든 사람들은 그동안 맡은 일을 못하게 될 것이다. 그러므로 음악을 한다는 것은 많은 사람들의 시간을 낭비하는 일이 된다. 이밖에도 음악은 나라의 혼란함을 막을 수 없다. 종을 치고 북을 두드리며 거문고를 타는 일들이 백성들의 의식을 해결해 줄 수 있는 것이 아니며 어지러운 세상을 바로잡을 수 있는 것도 아니다. 그러므로 실리적인 입장에서 볼 때 음악은 낭비일 뿐 백성들의 고통과 국난을 해결하는 데 아무 도움이 되지 않는다.

이상에서 본 바와 같이 묵자는 음악을 하는 것이 옛 성왕의 일에 어긋나는 것이며 백성들의 이익에 들어맞지 않기 때문에 반대하고, 근본적으로는 없애버릴 것을 주장한다.

유가에서 음악은 착한 마음을 일으키게 할 뿐만 아니라 덕성을 기르고 성정을 도야해 사회를 화목하게 하고 풍속을 바꿔 천하가 평안하도록 만든다고 본다. 공자가 "시로써 감흥을 일으키고, 예로써 행동규준을 세우고, 음악으로써 심정을 완성시킨다"[95]고 한 것만 봐도 유가가 음악을 얼마나 중시했는지 알 수 있다.

그러나 묵자의 '비악'은 유가와 상반된다. 그래서 순자는 "음악은 인정에 순응해 인성을 조화하고, 인간과 인간 사이에 조화를 가져오게 하는 데 꼭 필요한 것인데, 묵자의 비악론에서는 가려진 것이 너무 많다는 것이다. 즉, 순자는 묵자를 비평해 "묵자는 실용에 가려 문화를 모른다"[96]고 말한다.

묵자는 현실적인 이익에 집착해 음악이 간접적으로 인간의 덕성을 함양하고 지혜를 증진시키며 긴장을 풀 수 있게 하고 능률을 올릴 수 있다는 초현실적인 도덕가치의 이익에 대해서는 생각을 미룬 것 같다. 이 점은 묵자 실리주의 사상의 결점이라 할 수 있는 것으로 량치차오도 "묵자의 실리주의가 대단히 좋기는 하나, 애석하게도 그 범위가 너무 좁아 오로지 의무생활만이 있고 취미생활은 없다. 이것이 묵학이 실패한 가장 중요한 원인이다"[97]라고 했다.

그러나 묵자가 음악의 심미성을 인식하지 못했거나 무시한 것은 아니다. 「삼변」편에서 보듯이 묵자는 음악의 필요성에 대해서는 부정하고 있지 않다. 다만 음악의 남용으로 인한 피해가 너무도 심해 이를 걱정한 나머지 '비악'을 주장한 것이다. 묵자는 노동하는 이들에게까지도 음악을 금하자는 것은 아니다. '비악'은 평민의 입장에서 귀족들에 대한 질책으로 보인다.

최초의 과학자, 최고의 기술자

    중국 문명의 창조성과 독자성은 역시 전국시대에 가장 두드러져 보인다. 학술 활동이 자유롭던 이 시대에는 백가제자들의 저술이 풍부했다. 그러나 대부분이 철학과 윤리학, 정치학에 대한 것이어서 과학기술에 관한 것으로는 『고공기(考工記)』와 『묵자』에서의 「묵경」에 불과하다. 당시 묵가는 유가와 함께 2대 학파로 막강한 사상적 체계와 인기를 누리고 있었다. 그러나 유가는 복고적인 보수성으로 인해 과학기술을 폄하해 과학기술의 발전에 별 영향을 미치지 못했다. 이에 반해 묵가는 풍부한 과학정신을 가지고 중국과학사에 있어 가장 중요한 업적을 남기고 있다.

묵자 자신이 수레의 바퀴를 만드는 등 과학기술에 뛰어난 능력과 이론을 갖고 있었으며, 묵가의 집단 구성원의 대부분이 수공업에 종사하는 기술자 내지 근로자였다. 그러므로 묵가를 중심으로 한 전기 묵가의 학술 역시 민중의 이목에 의한 견문을 강조하고, 인식의 객관적인 효과를 중시하며 이성적 사유로 객관 사물의 인과원리를 탐색하는 과학적 방법론을 취했다. 후기 묵가는 묵자가 중시한 생산기술과 과학지식의 전통을 중시해 역학(力學)과 광학(光學), 대수, 기하학 및 논리학 부문에서 많은 업적을 남겼다.

특히 과학이론의 보고로 알려진 「묵경」의 '경상(經上), 경하(經下), 경설상(經說上), 경설하(經說下)' 4편은 뒤바뀐 글자, 잘못 쓰인 글자, 빠진 글자가 많을 뿐만 아니라 문장이 간략해 해석이 지극히 어렵다. 또 묵가의 기술에 관한 내용과 수준을 알아볼 수 있는 「비성문(備城門)」 이하 11편은 당시 각종 기술의 전문 용어가 생소하고 문장이 난해해 아직까지 해석이 곤란한 부분이 많다. 이런 이유로 지금도 묵가 전문학자들이나 과학자들이 「묵경」의 주석에 골몰하고 있다.

시간과 공간

시간이란 무엇이며, 공간이란 무엇인가? 또 그 둘의 관계

는 어떠한가? 이러한 문제가 수학자나 물리학자의 연구대상
에 그치지 않고 철학자의 관심을 끌게 된 중요한 이유는 그
것이 인간의 사고와 인식의 틀이 되기 때문이다. 즉, 시간과
공간의 개념이 우리의 현상인식 및 사고의 밑바탕을 이루고
있기 때문이다. 그래서 동서양의 철학자들 중에는 공간과 시
간의 본성에 관해 깊이 있는 논의를 한 이들이 많다.[98]

중국 고대에 있어서 가장 깊이 있는 시공 관념의 논의는
「묵경」에서 찾아볼 수 있다. 먼저 시간에 관한 「묵경」의 정의
를 보자.

시간이란 다른 때에 두루 미치는 것이다.

久, 彌異時也.

－「경」상

시간이란 옛과 지금, 아침과 저녁이다.

久, 古今旦暮.

－「경설」상

「묵경」에서 시간이 '다른 때에 두루 미친다'는 것은 시간
이 각종 구체적 시각의 총칭을 말한다는 것이다. 또 시간이
'옛과 지금, 아침과 저녁'이란 것은 시간의 과도성(過渡性)과

지향성을 뜻한다. 즉, 시간은 우리에게 일어나는 일의 체험방식에 따라 과거에서 현재로, 현재에서 미래로 흘러가는 것이며, 아침이 저녁을 향해 나아가듯 시간이 일정한 방향으로 흘러간다는 것이다.[99] 그럼 이번엔 공간에 관한 「묵경」의 정의를 살펴보자.

공간이란 다른 곳에 두루 걸치는 것이다.
宇, 彌異所也.

— 「경」 상

공간이란 동서남북이다.
宇, 東西家南北.

— 「경설」 상

공간에 대한 「묵경」의 정의와 중국 고대 다른 학파와의 차이는 「묵경」이 공간의 위치를 강조하고 있는 점이다. 공간은 각종의 다른 장소 또는 방위를 모두 말하는 것으로, 인간이 접촉하는 구체적이고 특정한 공간 개념이다. 동쪽에서 또는 서쪽에서 느끼는 공간, 산과 들, 하늘 모두가 공간의 한 부분이다. 곧 이러한 구체적인 공간을 추상화해 일반적인 공간 개념을 도출하는 것이다. 이는 텅 빈 것으로만 생각하던 공간

개념에서 벗어난 것으로 공간 인식의 일대 발전으로 볼 수 있다.

묵가는 또 시간이 항상 어느 순간에서 어느 순간으로 옮겨가고 있는 것과 같이 공간 역시 특정 위치가 항상 옮겨가고 있다고 말한다.

공간은 항상 이동한다. 그 이유는 시간과 공간의 확대에 있다.

宇域徙, 說在長宇久.

– 「경」 하

공간의 확대란 이동해서 어떤 위치를 차지하는 것이다. 위치로서 남과 북이 있고, 시간으로서 아침과 저녁이 있는 것은 공간의 이동이 곧 시간이기 때문이다.

宇長徙而有處. 宇南宇北, 在旦有在莫, 宇徙久.

– 「경설」 하

이는 또 시공의 상대적인 원리를 말하고 있다. 시간과 공간의 이동은 뗄 수 없는 관계에 있어 공간의 상대에는 항상 시간이 있으며, 시간의 상대에는 항상 공간이 있다.[100]

우주의 공간과 시간의 연속 중에 무한히 많은 특정 장소와 특정 시간이 서로 관련을 갖고 항상 그 위치를 변화시키고 있다는 것이다. 또 그 위치 속의 하나에 서서 관찰하는 입장에서 본다면 우주는 다른 관찰자가 보는 것과 현저히 다른 양상을 띨 것이다.[101]

묵가는 또 물체의 운동이 없으면 시공도 없으며, 운동이 곧 시공의 본질이라는 점을 명확히 한다.[102] 이는 시공의 본질에 대한 인식론적 해석이다. 묵가가 보는 공간은 운동의 공존형식(共存形式)이고, 시간은 운동의 전변형식(轉變形式)이다. 그들은 시공의 본질 이론을 운용해 운동학상의 중대 문제를 해결한 것이다.[103] 인류 역사상 가장 먼저 공간·시간과 물체의 운동을 연계해 인식하려 했던 것이 바로 「묵경」이라 생각한다.

오행

오행설은 추연(鄒衍)의 오덕종시설(五德終始說)에 의해 사회과학적인 의미를 포함하게 됐지만, 오행설 그 자체는 본질적으로 자연주의적이며 과학적인 것이었다. 그런데 음양가가 내놓은 오행의 상생상극설(相生相克說)에 묵가가 처음으로 반대하고 나섰다.

오행에 항상 이기는 관계가 없다는 이론의 요점은 당연히 그러함에 있다.

五行毋常勝, 說在宜.

- 「경」 하

오행은 金, 水, 土, 木, 火이다. 불이 쇠를 녹이는 것은 불이 많기 때문이다. 쇠가 용광로의 불을 꺼뜨리는 것은 쇠가 많기 때문이다. 쇠는 물을 저장하고 불은 탈 수 있는 나무에 붙는다. 마치 사슴이 숲속에 깃들어 사는 것과 같고, 물고기가 하천에 사는 것과 같다. (전자가 후자에 의해 생산되는 것이 아니라) 오직 이롭기 때문이다.

五, 金水土木火離. 然火爍金, 火多也. 金靡炭, 金多也. 金之府水, 火離木. 若識麋與魚之數, 惟所利.

- 「경설」 하

묵가는 오행에 있어서 木이 土를 이기고, 金이 木을 이기며, 火가 金을 이기고, 水가 火를 이기는 관계가 있다는 '오행상승'이 절대적이 아니라 조건적이라는 '오행무상승설'과 木은 火를 낳고 火는 土를, 土는 金을, 金은 水를, 水는 木을 낳는다는 '오행상생'의 이론을 반박해 피차 부려(附麗)하고 상호 의존한다는 '상려설(相麗說)'을 내놓았다. 질량의 많고 적음, 환경의 이로움과 불리함에 따라 변화가 생긴다는 것이다.

이는 중국과학사에 있어 최초의 정량연구 실험이었다. 묵가는 이 실험을 통해 양이 물질 상호간에 중요한 작용을 하며 이 작용이 형세를 좌우하고 변화의 방향을 결정한다는 이론을 세운 것이다. 중국 전통 과학의 대부분은 정성연구이고, 정량연구를 별로 볼 수 없어 이 이론은 더욱 진귀하다.[104] 묵가가 가진 과학적 사고의 양적 요소를 보여주는 이러한 이론은 중국과학사에 큰 영향을 끼쳤다.

수학

묵가의 시간론·공간론 등은 단지 그들의 주관적인 억측에서 나온 것이 아니고, 엄밀한 관찰과 실천에서 나온 것이다. 그들은 수학과 물리학의 기초이론을 통해 우주론을 확립하고 논리학을 발전시키는가 하면 기술개발에 응용했다. 또 묵자를 비롯한 묵가의 구성원들이 대부분 기술자여서 그들의 수학 연구는 기본적으로 '형(形)'과 관계가 있고, 그들의 수학적 업적은 대체로 기하학의 범주에 속하는 것들이다.

「묵경」에는 기하학적인 개념에 관한 정의를 비롯해 수학 명사에 관한 과학적 설명이 약 19조에 걸쳐 등장한다. 여기서 부분과 전체에 관한 문제, 점의 문제, 유궁·무궁의 문제,

동이(同異)의 문제, 원과 사각형의 문제 등이 전문적으로 분석되며 논증을 거친다. 그중 몇 가지를 살펴보자.

점은 넓이가 없는 선의 가장 끝에 있는 것이다.

端, 體之無序而最前者也.

-「경」상

선은 면의 앞에 있고 점의 뒤에 있다.

尺, 前於區穴, 而後於端.

-「경설」상

원은 한 중심으로부터 같은 거리에 있다.

圓, 一中同長也.

-「경」상

직사각형이란 변과 각이 사변을 두른 것을 말한다.

方, 住隅四灌也.

-「경」상

직선은 세 점을 공유한다.

直, 參也.

-「경」상

이상의 예 가운데 특히 원의 정의는 유클리드의 『원론原論(Stoicheia)』에 나오는 원의 정의와 아주 비슷하다. 서양과 비슷한 시기에 기하학에 관한 동일한 수준의 논리적 명제를 볼 수 있다는 사실은 무척 흥미로운 일이다. 연역적인 방법을 배제한 중국수학의 전통, 특히 중국인의 사유 패턴에는 결여되어 있다고 알려진 원자론적인 불가분성의 발상, 점에 관한 정의 등이 있다는 것과 관련해 이러한 기하학에 관한 단장은 그리스로부터의 영향이 아닐까 하는 의구심이 들 수도 있겠다. 그러나 묵가의 기술적인 업적이나 과학적이고 논리적인 태도를 보더라도 그들의 독창적인 결과임을 의심하긴 힘들다.

역학

다음에는 역학(力學)에 관한 묵가의 이론을 살펴보자. 힘은 역학의 중심개념이다. 중국에서 힘에 관한 과학적 정의를 가장 먼저 해놓은 것도 「묵경」이다.

> 힘이란 물체가 그것으로 인하여 움직이는 것이다.
> 力, 刑之所以奮也.
>
> —「경」상

힘은 운동을 말한다. 아래에서 무거운 것을 들어 올리는 것은 힘의 작용이다.

力, 重之謂, 下與重奮也.

-「경설」 상

추상적 개념인 '힘'과 비교적 구체적인 개념인 '운동'을 연계시킨 묵가의 인식은 그들의 높은 이성적인 인식을 말해준다. 여기서 '운동'이란 가속도의 운동을 말한다. 이는 뉴턴의 '만유인력의 법칙'과 같다. 일상생활에서 가장 많이 볼 수 있는 힘은 중력이다. 그래서 「경설」 상에서는 중력을 예로 들고 있다. 내용과 순서는 근대의 역학 교과서와 같다.

16세기 이전 유럽의 학자들은 힘이 물체 운동을 유지하는 원인이라는 것을 알았다. 갈릴레이는 많은 실험을 통해 힘이 물체 운동 상태를 변화시키는 원인이라는 것을 증명하기도 했다. 뉴턴은 이러한 기초 위에 그의 운동에 관한 법칙을 쓴 것이다. 묵가의 역학 이론이 갈릴레이나 뉴턴의 이론과 비슷한 점이 많다는 사실은 주목할 만하다.[105] 아울러 「묵경」에는 탄성(彈性) 역학에 관한 문제도 보인다.

머리카락이 끊어지고 끊어지지 않는 것은 그 이론이 (물질의) 균등함에 있다.

均之絶不, 說在所均.

-「경」하

균등하다는 것은 머리카락이 균등하게 힘을 받는다는
것이다. 어떤 힘이 가해졌을 때 머리카락이 끊어지는 것은
균등하지 못하기 때문이다. 균등한 경우에는 끊어지지 않
는다.

均, 髮均懸, 輕重而髮絶, 不均也. 均, 其絶也莫絶.

-「경설」하

물질이 끊어짐은 균등하지 못한 점이 있어서다. 모두 균등
하다면 끊어질 수가 없다. 그러므로 가느다란 머리카락이라
도 천균(千鈞)을 끌 수도 있다는 것이다. 여기서 '균(均)'이란
물질이 극히 균등한 상태를 말하는 것으로 물체 전부가 같
은 밀도로 구성되어 있을 때 변화가 발생하지 않음을 말한
다. '절(絶)'이란 이러한 균등 상태가 깨진 것을 말한다. 곧 오
늘날의 분자물리학적 문제로 볼 수 있다.[106]
  이와 비슷한 말은 『열자(列子)』에도 보이지만,[107] 그것들은
역학에 관한 이론으로서가 아니라 논리적인 의미와 정치적
인 의미의 비유로 쓰였을 뿐이다. 그 밖에도 「묵경」은 배의
크고 작음과 적재화물의 무게와의 관계를 나타내는 역학적

표현, 용두레 및 지렛대의 원리, 대저울 등의 원리, 벽돌을 쌓을 때의 힘의 평형문제[108] 등을 집중적으로 다룬다. 이러한 묵가의 역학이론은 중국 고대 과학자들의 역학 연구가 대단히 적은 상황에서 더욱 귀중한 자료가 된다.

광학

중국 고대의 뛰어난 광학(光學) 이론은 세계 물리학사에서 중요한 자리를 차지하고 있다. 광학 중에서도 가장 기본적인 원리 중 하나는 빛의 직진 원리인데, 묵가는 많은 실험을 거쳐 일찍이 이 원리를 발견했다. 「묵경」에는 그림자의 문제, 바늘구멍을 통해 생기는 상(像)의 문제와 평면거울, 오목거울, 볼록거울의 문제 등에 관한 실험결과와 이론이 모두 8조에 걸쳐 등장한다. 그리고 이 8조의 배열순서 또한 작자의 면밀한 고려를 통해 과학적 의의에 맞게 기술되어 있다. 중국의 물리학자 첸린자오(錢臨照)는 "이렇게 조리 있고 완전한 기술(記述)은 비록 8조에 걸쳐 수백 자에 불과한 것이지만, 2천여 년 전에 이룩한 세계적인 광학이론임이 분명하다"[109]고 평가한다. 그럼 「묵경」에 기술되어 있는 광학이론을 살펴보자.

그림자가 거꾸로 서는 것은 빛이 한 점에서 교차되어 광

점과 그림자가 길어지기 때문이다. 그 이유는 점에 있다.

景到, 在午有端與景長, 說在端.

- 「경」 하

빛이 사람을 비출 때는 마치 화살을 쐈을 때와 같이 직
진한다. 아래로부터 나온 빛은 사람을 향해 높아지고, 위
로부터 나온 빛은 사람을 향해 낮아진다. 발이 아래의 빛
을 가리므로 발의 그림자는 위에 생기고, 머리는 위의 빛을
가리므로 머리의 그림자는 아래에 생긴다. 원근은 있어도
빛이 모이는 점이 있어 그 때문에 거꾸로 선 상이 안쪽에
생긴다.

景. 光之人煦若射, 下者之人也高, 高者之人也下. 足蔽下
光, 故成景於上. 首蔽上光, 故成景於下. 在遠近有端與於光,
故景庫內也.

- 「경설」 하

암실을 만들어 하나의 구멍을 뚫고, 암실 밖에 한 사람
이 구멍을 향해 선다면 암실 벽에 거꾸로 된 사람의 상이 생
긴다. 빛이 작은 구멍을 통과할 때는 마치 쏜 화살처럼 직진
하기 때문이다. 묵가보다 훨씬 뒤의 사람인 심괄(沈括)은 『몽
계필담(夢溪筆談)』에서 빛의 직진성을 바탕으로 한 이 원리

를 '격술(格術)'이라고 부르면서 기하광학의 중요한 원리로 설명하고 있다.[110] 서양에서는 아리스토텔레스가 기원전 350년경 바늘구멍 사진기의 원리를 발견한 것이 최초다. 그러나 이보다 적어도 50년 가까이 앞서 묵자가 이를 발견했으니 묵자 혹은 묵가의 발견이 세계 최초라고 할 수 있다.

볼록 거울은 영상이 하나이다. 물체의 크기에 그 이유가 있다.

鑑團, 景一. 說在刑之大.

– 「경」하

물체가 거울에 가까이 가면 거울에 비쳐지는 부분이 커지고 영상도 커진다. 멀리 떨어지면 비쳐지는 부분이 작아지고 영상도 작아진다. 그러나 영상은 반드시 바로 선다. 영상이 그대로 비치기 때문이다.

鑑, 鑑者近, 則所鑑大, 景亦大. 其遠, 所鑑小, 景亦小, 而必正. 景過正, 故招.

– 「경설」하

볼록거울에 생기는 상은 한 개의 바로 선 상이고, 거울의 다른 쪽에는 허상이 생긴다. 물체가 거울에 가까이 이동하면

상은 커지고, 물체가 거울에서 멀리 떨어지면 상은 더욱 작아진다. 다만 위치에 관계없이 볼록거울에 생기는 상은 모두 원래의 물체보다 작다는 것이다. 볼록거울은 물체를 축소해 넓은 범위의 것을 담아볼 수 있어 묵가 훨씬 이전부터 사용해온 것 같다.[111] 하지만 다소 초보적인 수준이기는 하나 볼록거울의 원리를 실험·관찰해 과학적으로 설명한 것은 묵가가 처음이며, 이는 심괄의 연구에 바탕이 되어 중국광학을 발전시킨 원동력이 되었다.

치앤린자오(錢臨照)는 광학 연구에 대한 「묵경」의 가치를 평가하면서 "세계 광학 지식에 있어서 가장 이른 기록은 일반적으로 유클리드를 꼽는다. 그러나 그의 책에 빛이 직진한다는 글은 보이지만, 어떠한 실험으로 증명한 것은 찾아볼 수 없다. 빛이 직진한다는 기본성질의 위대한 발견은 「묵경」이 유클리드보다 앞서고 더 뛰어났다. 이것만으로도 「묵경」이 세계과학사에서 당연히 높은 위치를 차지한다"[112]고 말했다.

그런데 과학은 단지 사고에 관한 문제가 아니다. 끊임없이 실천으로 이행되고, 끊임없이 실천에 의해 새로워지는 사고에 관한 것이다. 이것이 과학이 기술과 분리되어 연구될 수 없는 문제다.[113] 다음에는 기술에 관한 묵가의 의식과 실천을 살펴보기로 하자.

묵가의 기술

묵자는 많은 기술을 개발하고 새로운 기구를 발명한 뛰어난 기술자였다. 그는 오늘날의 글라이더와 같은 비행기구도 만들었다. 『한비자』에는 "묵자가 나무로 비연(飛鳶)을 만들기 시작해 3년 만에 완성했는데 겨우 하루 동안 날고 망가지고 말았다. 제자가 이를 보고 말하기를 '선생님의 솜씨는 참 기묘합니다. 나무로 연을 만들어 날리시다니!'라고 했다"[114]는 대목이 나온다.

또 『묵자』에는 중국 고대의 기성(技聖)으로 불리는 공수반(公輸班)이 대나무와 나무를 깎아 까치를 만들었는데 사흘 동안이나 내려앉지 않았다고 자랑하고 있으나, 묵자는 "당신이 까치를 만드는 것은 내가 수레바퀴의 빗장을 만드는 것만도 못하다"고 일축했다는 얘기[115]가 있다. 묵자가 만든 수레바퀴의 빗장이 50석의 짐을 실을 수 있는 수레에 쓰인다는 그의 자부심은 묵자가 공수반과 함께 당시 최고의 기술을 가진 기술자였음을 짐작케 한다.

『묵자』「비성문」편을 비롯해 군사기술에 관한 11편은 묵자가 2세기 동안 축적한 방어전술과 병력의 배치, 전쟁무기에 대한 전문기술과 지식이 풍부하게 기록되어 있다. 대표적인 예를 몇 가지 들어보자.

「비혈(備穴)」편에서는 묵가가 성학(聲學)의 진동전파 원리를 이용해 '앵청(罌聽)'이라는 소리탐지 기구를 발명한 것을 볼 수 있다. 이것은 적이 땅속 깊이 굴을 파고 공격해 올 경우를 미리 예상해 선제공격을 하기 위한 기구다.

성안에 다섯 걸음마다 한 개의 우물을 파되 성벽 바로 밑에 바짝 붙여 판다. 그리고 옹기장이로 하여금 40말 이상 들어가는 입이 작고 배가 부른 항아리를 만들게 한다. 그 항아리의 입마구리를 얇은 가죽으로 싼 다음 우물 속에 넣어둔다. 그리고는 귀가 밝은 사람을 시켜 항아리에 들어가 엎드려 듣게 하면 적이 파는 굴의 위치를 정확히 알 수 있다. 그러면 이쪽에서 마주 굴을 파 들어가 적을 무찌를 수 있다.[116]

이러한 설비와 근대 해상정찰기구인 성납(聲納)은 그 원리가 매우 비슷하다. 하지만 2천여 년 전에 만들어진 감청기인 앵청을 측성학(測聲學)의 선구로 볼 수 있다.

묵가는 역학의 원리를 발견하고 이를 응용해 많은 기계를 만들었다. 지렛대의 원리를 역학적으로 설명하는가 하면,[117] 힘을 적게 들이고도 많은 효과를 얻기 위해 지렛대를 발전시켜 기중기를 만들었다. 이것으로 두레박틀을 만들어 물을 퍼

거나 성을 쌓을 때의 장비로 사용하기도 하고, 적군 살상용의 충당기(衝撞機)로도 썼다.[118]

묵가가 '릴(釣車)'의 원형이라고 할 수 있는 '연노(連弩, 연발식 석궁)'를 발명한 것은 병기의 혁신적인 발전을 가져왔다. 연노는 수많은 투창을 발사하는 대포라고 할 수 있으며, 창은 값이 비싸서 함부로 버릴 수 없으므로 창에 끈을 달아 릴식의 감는 기계로 회수해 다시 사용하도록 만들어졌다. 낚시 등 평화로운 도구로 사용된 세계 최초의 발명품 릴이 강력한 살상용 무기에서 출발했다는 점은 역설적이다.[119] 한편 묵가가 서민들을 위한다고 하면서도 어업이나 농업용, 수공업용 기계의 개발보다 무기개발 등 군사력 증강에만 전념했다는 데서 묵가 사상의 모순을 볼 수 있다.

묵가의 과학기술 운용은 묵학의 내재적 모순을 초래했지만, 그들의 진보적인 과학정신은 청말민초(淸末民初)에 묵학을 부활시켰으며 이는 오늘에도 유효하다. 또 아직도 명확히 해명되지 못한 「묵경」의 과학이론이나 '성수(城守)' 제편의 과학기술은 학제간의 종합적 연구를 통해 하루 빨리 그 과학사적 가치가 평가되어야 한다. 그렇게 함으로써 묵학의 세계를 완전히 밝힐 수 있고, 중국사상사에서의 위상을 바로잡을 수 있을 것이다.

묵학의 쇠미와 부흥

현학에서 절학으로

묵학은 한때 유학과 함께 뛰어난 학문(顯學)으로 많은 사람들의 호응을 받았으나 2백여 년이라는 짧은 기간 동안 사상의 빛을 발하다가 돌연 사라진다. 많은 사상가들이 묵학이 현학에서 절학(絶學)으로 변화한 원인에 대해 나름의 이론을 펼쳤지만, 모두 일장일단이 있어 선학들의 이론을 검토한 후 다음 네 가지의 원인으로 정리해 보았다.

첫째, 묵자는 하층계급의 권익을 옹호하는 것에서 시작해 구세의 구호를 외쳤으나 묵자가 죽은 후 후기의 묵자들은 권력층에 의존하는가 하면 민중을 부리기도 했다. 특히 인구의 절대 다수를 차지하고 있는 농민들에 대한 관심이 적었다. 또 후기에 들어와 더욱 발달한 「묵경」의 논리사상이나 과학기술 이론은 민중들의 생활과 너무 거리가 멀었다. 이와 같이 민생을 외면한 묵가를 지지하는 계층이 점점 줄어 묵가가 소멸된 한 원인이 된 것으로 보인다.

둘째, 묵가의 분열과 내부 갈등이 집단의 세력을 약화시키고, 이에 의해 쇠망의 길로 걷게 된 것으로 보인다. 무릇 하나의 사상집단이 확대되고 발전함에 따라 내부 분열이 생기는 것은 일반적이다. 불교나 기독교, 유가 역시 그러했지만 모두 지금도 존속하고 있다. 특히 유가는 묵가의 분열 당시 여덟 개의 파로 갈라졌으나 발전을 계속해 왔다. 묵가가 이들과 다른 것은 후기 묵가에 들어와 「묵경」에 등장하는 이론이 난해해 해석이 분분할 소지가 있었고, 묵가 집단의 강고한 성격 때문에 그들의 주장을 통일하기가 어려웠기 때문이라 생각한다.

셋째, 묵가 집단의 조직규율이 너무나 엄격했던 것이 쇠망의 한 원인이다. 묵가의 통솔자인 거자의 권위는 절대적이었으며, 묵가는 거자의 통솔 아래 일사불란하게 움직여야 했다. 약속한 땅을 지키지 못한 책임으로 거자 이하 묵자 183명이 집단 자살한 것은[120] 중국 역사상 그 유례가 없는 일로 오늘날 사교의 집단 자살을 연상케 한다. 묵가는 선진 제자의 어느 학파보다 종교적 이론을 풍부하게 갖추고 있으나 내세에 대한 비전이 없어 엄격한 규율과 순교자적인 죽음은 묵자들에게 두렵게만 여겨졌을 것이다.

넷째, 성읍 수비 위주의 군사 활동에 치중했기 때문에 그역할의 한계 또한 묵가가 사라진 한 원인이 된 것으로 보인다. 묵학에는 「묵경」과 같은 심오한 이론이 있었으나 근본적으로 그들은 구세의 기치를 내걸고 실천하는 경향이 강한 집단이었다. 특히 의협(義俠)을 중시해 그들이 가진 수공업 기술을 바탕으로 성읍을 수어하는 일에 주력했다. 그러나 통일을 이룩한 진한대(秦漢代)에 있어서 성읍 수비의 성격을 띤묵가 집단은 설 자리를 찾지 못했을 것이다.

이상에서 살펴 본 묵학 쇠미의 원인들은 어느 한 가지가 아니라 모두가 복합적인 원인으로 작용했을 것으로 보인다. 그러나 학파로서는 진대에 쇠미해 소멸했으나 사상으로서는 한대 초기에 많은 흔적을 남긴 것으로 보인다. 『여씨춘추』나 『회남자』에서도 묵학의 힘찬 구호를 찾아볼 수 있으며, 한대 유학의 관학화(官學化)에도 묵학이 적지 않은 역할을 한 것으로 보인다.

뿐만 아니라 유가의 경전인 『예기』 「예문」편의 대동(大同) 사상 역시 묵학의 영향을 받은 것이 확실하다. 민중도교의 경전인『태평경』의 종교적 이론과 경세사상에서 묵학의 영향을 찾기는 어렵지 않다. 위진 시대에 노승(魯勝)이「묵경」을 연구했다는 사실은 묵학이 사라지지 않았다는 좋은 증거다. 이렇게 묵학의 맥은 끊어지지 않고 2천여 년 동안 사상사의 깊은 곳에서 흐르다가 청대 말기 이후 지표에 등장하게 된다.

중국 근대화와 묵학

청대에 들어와 사회의 발전과 자유로운 학술활동에 힘입어 거의 2천 년 동안 잠자고 있던 묵학이 점차 부흥의 길로 들어서기 시작했다. 이때 묵학 부흥의 견인차 역할을 한 연구자로는 왕중(汪中, 1745~1794)을 들 수 있다. 그는『묵자』53편을 교주(校注)했으며 묵자에 관한 자료를 섭렵해『묵자표미(墨子表微)』를 지었다. 묵학 연구는 왕중을 필두로 하여 이후 청 중엽에서 말엽에 이르기까지 훈고학, 제자학(諸子學)의 흥성에 따라 점차 활기를 띠기 시작했다. 특히 손이양(孫詒讓, 1848~1908)은 청대『묵자』주석의 집대성자라 할 수 있다. 그가 30여년 가까이 공을 들여 완성한『묵자한고(墨子閒詁)』는『묵자』의 전 내용을 일반인들이 이해할 수 있을 정도로 잘 정리해 놓았다.

20세기에 접어들어 2천 년이 넘도록 중국을 지탱한 봉건제도는 무너져 내렸고, 봉건문화의 핵심 이데올로기였던 유학은 신문화운동의 충격에 의해 휘청거렸다. 이때 서양의 철학과 논리학, 자연과학이 도입되어 과학과 민주적 사조가 학술계의 면모를 크게 변화시켰다. 20세기 내내 묵학 연구자가 날로 늘어나고 묵학 관련 전문서적 수십 종이 출판되었다.

20세기 초에 묵학을 연구해 중국학계에 많은 영향을 준 사람으로는 량치차오와 후스를 들 수 있다. 외우내환으로 중국이 가장 어려움을 겪고 있던 청대 말에 일단의 지식인들이 구국의 기치를 들고 나왔다. 이때 량치차오는 '묵학구국(墨學救國)'을 들고 나왔다. 그는 "지금 나라를 구할 수 있는 것은 오직 묵학 뿐이다"라고 말했다. 묵학이 나라를 구할 수 있다고 생각한 까닭은 『묵자』 특히 「묵경」에 당시 국민들이 필요로 했던 과학정신이 풍부했기 때문이다.

그의 사상은 특히 당시 신국민교육에 많은 영향을 주었는데, 주목할 만한 것은 묵자의 과학과 논리학에 관한 연구다. 그는 1898년 변법 실패 후 일본으로 망명해 그곳에서 『자묵자학설(子墨子學說)』『묵자의 논리학』을 발표한 후, 1922년에는 『묵경교석(墨經校釋)』을 간행했다. 그는 「묵경」이 세계에서 가장 오래된 논리학 저작의 하나라고 단언하면서 『묵자』야말로 가장 논리적으로 체계화된 책이라고 평가했다. 량치차오 이전의 묵학 연구는 대체로 훈고학적인 연구에 머물렀으나 량치차오는 묵가의 정치사상과 지식론, 논리학, 자연과학 등의 이론을 연구해 길을 열었으며 묵학 부흥의 새로운 장을 펼쳤다.

량치차오의 연구를 이어받아 묵학 연구에 더욱 큰 공헌을 한 사람은 후스다. 그는 미국 유학 동안 서양철학의 방법론을 배워 제일 먼저 묵자, 특히 「묵경」을 논리적 방법으로 연구해 뛰어난 성과를 거두었다. 그는 '선진논리학연구'를 통해 「묵경」이 묵자의 자저가 아니고, 묵가 후학의 성과라고 주장했다. 그는 "고대 철학의 방법론 중에 묵가만큼 완전한 것은 없다"고 말하면서 "묵가의 논리학은 세계 논리학 역사에서 중요한 위치를 차지한다"고 말했다.

이와 같이 량치차오나 후스를 비롯한 계몽사상가들에 의해 묵자 및 묵가의 근대적 연구가 꽃피울 수 있었던 것은 1919년 5.4운동 전후 사상계의 대세에 힘입었기 때문이다. 당시 사상계에서는 공자를 배격하고 거꾸로 묵자를 추앙하는 풍조가 언론의 거센 흐름을 이루었다. 노신(魯迅)이 '비공(非攻)'을 써서 항일전쟁 당시 자신의 심경과 태도를 묵자에게 가탁할 수 있었던 것도 이런 거센 물결의 여세를 배경으로 했기 때문이었을 것이다.[121]

1949년 중화인민공화국이 성립된 이후부터는 철학자들에 의해 「묵경」에 나타난 논리 및 과학기술에 대한 연구가 활발

히 진행되었다. 또 마오쩌둥은 묵자가 내놓은 '노동하는 인간'
으로서의 인간관과 평등사상에 매료되어 묵자를 공자보다
더 뛰어난 성인으로 본다고 말했다.

　그러나 중국공산당은 묵가가 가진 유신론적인 종교사상
때문에 적극적인 반응을 보이지 않았다. 덩샤오핑(鄧小平) 이
후 중국이 개혁 개방을 내세우면서 묵학은 다시 조명되기 시
작했다. 1990년 묵자의 고향인 산둥성을 중심으로 '중국묵자
학회'가 결성되고, 2~3년마다 '묵학국제학술대회'가 열렸는
데 2008년부터는 매년 5월 열리고 있다. 2004년에는 런지위
를 중심으로 한 중국묵자학회에 의해 묵학 연구의 성과를 집
대성한 『묵자대전(墨子大典)』 100권이 출간되었다. 또 겸애의
화해정신을 강조하는 묵학은 전 후진타오(胡錦濤) 정부의 화
해(和諧)사회 추구와 함께 연구에 활기를 띠기 시작해 지금
도 이어지고 있다.

1) 『墨子』「貴義」 "上無君上之事 下無耕農之難"
   (이하 『묵자』서는 편명만 기재)
2) 韓愈, 「爭臣論」 "墨突不得黔"
3) 『莊子』「天下」 "其生也勤 其死也薄 其道大觳"
4) 任繼愈, 『墨子與墨家』, 臺灣商務印書館, 1995, pp.17~18.
5) 『孟子』「盡心上」 "摩頂放踵 利天下爲之"
6) 『呂氏春秋』「當染」 "孔墨之後學, 顯榮於天下者衆矣, 不可勝數"
7) 「要略訓」 "墨子學儒者之業 受孔子之術 以爲其禮煩擾而不悅 厚葬靡財而貧民 久服傷生而害事 故背周道而用夏政"
8) 『論語』「爲政」 "道之以德 齊之以禮"
9) 「公孟」편 참조.
10) 「非儒下」 "且夫繁飾禮樂以淫人, 久喪僞哀以謾親, 立命緩貧而高浩居, 倍本棄事而安怠傲, 貪於飮食, 惰於作務, 陷於飢寒, 危於凍餒, 無以違之."
11) 「非儒下」 "是若乞人, 鬮鼠藏, 而羝羊視, 賁彘起.
12) 「非儒下」 "君子必古服古言 然後仁"
13) 「非儒下」 "所謂古之言服者, 皆嘗新矣. 而古人言之服之, 則非君子也. 然則必服非君子之服, 言非君子之言, 而後仁乎?"
14) 「耕柱」 "君子不作, 術而已"
15) 「耕柱」 "古之善者則述之, 今之善者則作之, 欲善之益多也."
16) 『論語』「述而」 "述而不作 信而好古 竊比於我老彭"
17) 『論語』「述而」 "不憤不啓, 不悱不發'.
18) 「公孟」 "君子共己以待, 問焉則言, 不問焉則止, 譬若鐘然, 扣則鳴, 不扣則不鳴."
19) 「非儒下」 "務善則美, 有過則諫, 此爲人臣之道也."
20) 「兼愛上」 "父自愛也不愛子, 故虧子而自利, 兄自愛也不愛弟, 故虧弟而自利, 君自愛也不愛臣, 故虧臣而自利, 是何也? 皆起不相愛"

21) 「小取」"愛人, 待周愛人而後爲愛人. 不愛人, 不待周不愛人. 不周愛因爲不愛人矣."

22) 「兼愛上」"視人家若其家, 誰亂? 視人國若其國, 誰攻? 故大夫之相亂家, 諸侯之相攻國者亡有"

23) 그 예로「兼相愛, 交相利(兼愛中)」"天必欲人之相愛相利(法儀)" "兼而愛之, 兼而利之(法儀)" "愛人, 利人(法儀)" "愛利萬民(尙賢中)" 등이 있다.

24) 翁其斌, 박문현 옮김,「천민에 의한 천민을 위한 철학-묵자비평」, 상하이문예출판사 ;『동양을 만든 13권의 고전』, 글항아리, 2011, pp.80~81.

25) 「兼愛上」"不可以不勸愛人"

26) 「兼愛下」"用而不可, 雖我亦將非之, 焉有善而不可用者"

27) 「兼愛下」"吾譬兼之不可爲也, 猶挈泰山以超江河也. 故兼者直願之也, 夫豈可爲之物哉?"子墨子曰:"夫挈泰山以趙江河, 自古之及今, 生民而來, 未嘗有也. 今若夫兼相愛, 交相利, 此自先聖六王者親行之."

28) 「兼愛下」"家室, 奉承親戚, 提挈妻子, 而寄託之. 不識於兼之友是乎, 於別之友是乎, 我以爲當其於此也, 天下無愚夫愚婦, 雖非兼之人, 必寄託之於兼之友是也."

29) 「兼愛中」"愛人者, 人必從而愛之, 利人者, 人必從而利之"

30) 「兼愛下」

31) 「非攻上」"殺一人, 謂之不義, 必有一死罪矣. 若以此說往, 殺十人十重不義, 必有十死罪矣. 殺百人, 百重不義, 必有百死罪矣. … 今至大爲不義攻國, 則弗知非, 從而譽之."

32) 「非攻下」

33) 현존하는『묵자』에는「비성문(備城門)」편 이하의 11편이 모두 방어기계와 전술을 논하고 있다.

34) 「號令」

35) 영화 '묵공'에서 묵가가 사용하는 수성전(守城戰)의 각종 기묘한 전략들은 상당한 볼거리이며, 또 묵자들이 서로 싸울 때 곤

충과 독을 병행한 독특한 싸움 방식 역시 눈길을 끈다. 또 수백만 마리가 집단으로 날아다니며 주위의 동식물을 가차 없이 공격하는 메뚜기 떼, 짧은 시간 내에 급속도로 번식해 주위의 동식물들을 공격하는 흡혈충 떼를 전쟁에 이용하는 방식, 즉 생화학 무기전을 방불케 하는 전투수단 역시 흥미진진하다. 이것들은 모두 『묵자』를 바탕으로 작가가 상상력을 발휘한 것이다.

36) 이 예화는 무척 유명한 고사로 『묵자』「공수」편 뿐만 아니라『회남자』「수무훈(修務訓)」편에도 실려 있다. 근대에 와서는 노신(魯迅)이 「공수」편과 그 밖의 기록에 의거해 『비공(非攻)』이라는 단편소설을 썼다. 또 이 예화를 바탕으로 일본의 사케미 켄이치(酒見賢一)는 1991년에 역사소설 『묵공(墨攻)』을 썼고, 모리 히데키(森 秀樹)는 1992년에서 1996년까지 만화 『묵공』11권을 내놓았다. 이 만화는 우리나라에서도 1998년 서울문화사에서 번역·발간됐다. 한대에서부터 쓰이기 시작한 '묵수(墨守)'라는 말은 이 '지초공송(止楚攻宋)'의 예화 중 묵자가 성을 굳게 잘 지켜 굴하지 않았다는 데서 연유하는 것으로, 자기 의견을 바꾸기를 싫어해 끝내 고집하는 것을 일컫는다.

37) 박문현,「묵자의 평화사상」,『현대와 종교』제13집, 현대종교문제연구소, 1990. 4, pp.33~36.

38) 翁其斌, 박문현 옮김, 앞의 책, p.94.

39)「天志 · 上中下」「法儀」"我有天志, 譬若輪人之有規, 匠人之有矩. 輪匠執其規矩, 以度天下之方圜曰, 中者是也, 不中者非也."

40)「法儀」"故父母學君三者, 莫可以爲治法"

41)「法儀」"故曰莫若法天. 天之行廣而無私, 其施厚而不德, 其明久而不衰, 故聖王法之. 旣以天爲法, 動作有爲必度於天"

42)「天志中」" 天子爲善, 天能賞之. 天子爲暴, 天能罰之."

43)「法儀」"今天下無大小國, 皆天之邑也° 人無幼長貴賤, 皆天之臣也"

44)「天志中」"以磨爲日月星辰, 以昭道之, 制爲四時, 春夏秋冬, 以紀綱之雷降雪霜雨露, 以長遂五穀麻絲, 使民得而財利之, 列爲山川谿谷, 播賦百事, 以臨司民之善否, 爲王公侯伯, 使之賞賢而罰暴, 賊金木鳥獸, 從事乎五穀麻絲, 以爲民衣食之財. 自古及今, 未嘗不有此也."

45) 「天志上」 "無所避逃之, 夫天不可爲林谷幽門無人, 明必見之."

46) 「天志中」 "義果自天出矣"

47) 「天志中」 "天之意, 不欲大國之攻小國也, 大家之亂小家也, 强之暴寡, 詐之謀愚, 貴之傲賤, 此天之所不欲也"

48) 「法儀」 "天必欲人之相愛相利, 而不欲人之相惡相賊也. 奚以知天之欲人之相愛相利, 而不欲人之相惡相賊. 以其兼而愛之, 兼而利之也. 奚以知天兼而愛之, 兼而利之也. 以其兼而有之, 兼而食之也."

49) 「天志上」

50) 「法儀」 "愛人利人者, 天必福之, 惡人賊人者, 天必禍之."

51) 「明鬼下」

52) 「非命上」 "何謂三表? 子墨子言曰:「有本之者, 有原之者, 有用之者.」於何本之? 上本之於古者聖王之事. 於何原之? 下原察百姓耳目之實. 於何用之? 廢以爲刑政, 觀其中國家百姓人民之利, 此所謂言有三表也"

53) 『춘추』는 고대 역사서의 통칭으로 쓰이는데, 주나라의 역사서인 『춘추』는 지금 남아있지 않다.

54) 「明鬼下」 "宣王殺其臣杜伯而不辜. 杜伯曰, 吾君殺我而不辜, 若以死者 爲無知, 則止矣, 若死而有知, 不出三年, 必使吾君知之. 其三年, 周宣王合諸侯而田於圃田, 車數百乘從數千, 人滿野. 日中 杜伯乘白馬素車, 朱衣冠, 執朱弓, 挾朱矢, 追周宣王, 射之車上, 中心折脊殪車中, 伏弢而死. 當是之時, 周人從者莫不見, 遠者莫不聞, 著在周之春秋. 爲君者以敎其臣, 爲父者以警其子, 曰戒之愼之, 凡殺不辜者, 其得不詳. 鬼神之誅, 若此之憯速也. 以若書之說觀之, 則鬼神之有, 豈可疑哉."

55) 梁啓超, 『子墨子學說』, 臺北, 中華書局, 民國55年, p.12.

56) 「明鬼下」 "鬼神之明, 不可爲幽間廣澤, 山林深谷, 鬼神之明必知之."

57) 「天志中」 "潔爲酒醴粢盛, 以祭祀天鬼."

58) 묵자와 도교에 대해서는 박문현의 논문 (「묵자사상과 도교」 『도교학연구』 제10집, 한국도교학회, 1992.)을 참조 바람.

59) '명'의 개념은 선진 전적 중에 여러 가지 뜻으로 쓰였으나 묵자가 반대하는 '명'은 극히 소박한 숙명 관념으로 불가항력적인 결정의지를 말한다.

60) 胡適, 송긍섭 외 옮김, 『中國古代哲學史』, 대한교과서주식회사, 1983, pp.186~187. 공자를 비롯한 유가가 '명'에 대해 자주 언급한 것은 사실이나, 그 '명'의 뜻은 묵자가 공격한 숙명은 아니고 인간의 능력을 초월한 그 어떤 것을 가리킨다(馮友蘭, 정인재 역, 『中國哲學史』, 형설출판사, 1983, p.117 참조).

61) 馮友蘭, 위의 책, p.84 참조.

62) 「貴義」"世之君子, 使之爲一犬一彘之宰, 不能則辭之. 使爲一國之相, 不能而爲之. 豈不悖哉?"

63) 「尙賢中」"可使治國者使治國, 可使長官者使長官, 可使治邑者使治邑. 凡所使治國家官府邑里, 此皆國之賢者也."

64) 「尙賢上」"高予之爵, 重予之祿, 任之以事, 斷予之令, 曰爵位不高, 則民弗敬, 蓄祿不厚, 則民不信, 政令不斷, 則民不畏. 擧三者授之賢者, 非爲賢賜也, 欲其事之成."

65) 「尙賢上」"以德就列, 以官服事, 以勞殿賞, 量功而分祿. 故官無常貴而民無終賤. 有能則擧之. 無能則下之. 擧公義, 辟私怨."

66) 「尙同上」"復古之民始生, 未有正長之時, … 天下之人異義, 是以一人一義, 十人十義, 百人百義, … 是以人是其義, 而非人之義. … 天下之亂也, 至如禽獸然."

67) 「尙同上」"明乎民之無正長, 以一同天下之義, 而天下亂也, 是故選擇天下賢良聖知辯慧之人, 立以爲天子, 使從事乎一同天下之義. 天子旣以立矣, 以爲唯其耳目之請, 不能獨一同天下之義, 是故選擇天下贊閱賢良聖知辯慧之人, 置以爲三公"

68) 펑유란, 박성규 역, 『중국철학사(상)』, 까치, 2002, p.168.

69) 「尙同上」"天下之百姓皆上同於天子, 而不上同於天, 則菑猶未去也. 今若夫飄風苦雨, 溱溱而至者, 此天之所以罰 百姓之不上同於天者也"

70) 예를 들어, 梁啓超는 민선설을, 蕭公權은 천선설을 주장한다.

71) 이밖에 천선설을 입증할 수 있는 것으로 다음 세 대목을 들 수 있다. ① 「尙同下」 "是故天下之欲同一天下之義也, 是故選擇賢者 立爲天子" ② 「尙賢中」 "… 三代 聖王 … 其爲政乎天下也, 兼而愛之, 從而利之, 又率天下之萬民, 以尙尊天事鬼, 愛利萬民, 是故天鬼賞之, 立爲天子" ③ 「天志中」 "帝善其順法則也, 故擧殷以賞之, 使貴爲天子, 富有天下."

72) 「尙賢下」 "舜耕於歷山, 陶於河瀕, 漁於雷澤, 灰於常陽. 堯得之服澤之陽, 立爲天子"

73) 『孟子』 「萬章上」 "天子不能以天下與人 舜相堯二十有八載 非人之所能爲也."

74) 「尙同上」 "里長發政里之百姓, 言曰, 聞善而不善, 以以告其鄕長, … 鄕長發政鄕之百姓, 言曰, 聞善而不善, 必以告國君. … 國君發政國之百姓, 言曰, 聞善而不善, 必以告天子."

75) 「尙同中」 "上之所是 亦必是之, 上之所非, 亦必非之."
「尙同上」 "去若不善言, 學天子之善言, 去若不善行, 學天子之善行."

76) 「尙同下」 "上之爲政 得下之情則治, 不得下之情則亂."

77) 「尙同下」 "一目之視也, 不若二目之視也, 一耳之聽也, 不若二耳之聽也 一手之操也, 不若二手之强也."

78) 「尙同中」 "善用刑者以治民, 不善用刑者以爲五殺."

79) 『管子』 「牧民」 "倉廩實則知禮節, 衣食足則知榮辱."

80) 「七患」 "時年歲善, 則民仁且良, 時年歲凶, 則民吝且惡."

81) 『論語』 「八佾」 "禮與其奢也 寧儉"

82) 『老子』 제53장 "是謂盜誇 非道也哉"

83) 『史記』 孟子荀卿列傳 "蓋墨翟宋之大夫 善守禦 爲節用"

84) 「節用上」 "聖人爲政一國一國可倍也. 大之爲政天下, 天下可倍也. 其倍之非外取地也. 因其國家去其無用之費, 足以倍之."

85) 「辭過」 및 「節用上·中」 참조.

86) 『荀子』 「富國」 "墨子之言昭昭然. 爲天下憂不足, 夫不足, 非天下之公患也. 特墨子之私憂過計也."

87) 「節葬下」 "昔者堯北教乎八狄 , 道死 , 葬蛩山之陰 , 衣衾三領 , 穀木之棺 , 葛以緘之 , 旣窆而後哭 , 滿埳無封"

88) 「節葬下」“厚葬久喪 , 雖使不可以富貧衆寡 , 定危治亂 , 然此
聖王之道也”

89) 「節葬下」“棺三寸 , 足以朽骨 , 衣三領 , 足以朽肉 , 掘地之
深 , 下無菹漏 , 氣無發洩於上 , 壟足以期其所 , 則止矣”哭往
哭來 , 反從事乎衣食之財 , 俾乎祭祀 , 以致孝於親”

90) 「公孟」“公孟子謂子墨子曰 子以三年之喪爲非 , 子之三日之
喪亦非也. 子墨子曰 子以三年之喪 , 非三日之喪 , 是猶裸謂
撅者不恭也”

91) 『論語』「陽貨」“禮云, 禮云, 玉帛云乎哉. 樂云, 鐘鼓云乎哉”.

92) 『論語』「八佾」“人而不仁, 如禮何. 人而不仁, 如樂何”.

93) 「非樂上」“昔者齊康公, 興樂萬, 萬人不可衣短褐, 不可食糠糟.
曰食飮不美, 面目顏色, 不足視也, 衣服不美, 身體從容, 不足
觀也. 是以食必粱肉, 衣必文繡. 此掌不從事乎衣食之財, 而掌
食乎人者也.”

94) 「非樂上」“今天下士君子, 請將欲求興天下之利, 除天下之害,
富在樂之爲物, 將不可不禁而止也”

95) 『論語』「泰伯」“興於詩, 立於禮, 成於樂”.

96) 『荀子』「解蔽」“墨子蔽於用而不知文”

97) 梁啓超, 『墨子學案』, 臺北, 新文豊出版公司, 民國64年, p.45.

98) 소광섭, 「상대론적 시공간에 대한 고찰」, 『계간 과학과 사상』,
1994. 가을, p.8.

99) 李烈炎, 『時空學說史』, 湖北人民出版社, 1988, p.42.

100) 李春泰 등은 묵자와 아리스토텔레스의 시공간을 비교해 묵자
의 시공은 통일적인데 비해 아리스토텔레스의 시공은 분립적
인 것으로 본다(「論墨子與亞里斯多德時空觀念的差別與意
義」, 『自然辨證法研究』, 1995, p.33 ; 鄭玧 席澤宗, 『中國歷史
上的宇宙理論』, 人民出版社, 1975, pp.137~139 참조).

101) 조셉 니담, 이석호 외 역, 『중국의 과학과 문명(Ⅱ)』, 을유문화
사, 1986, p.276.

102) 「經上」“窮, 或有前不容尺也.”, 「經說上」“窮, 或不容尺, 有
窮, 莫不容尺, 無窮也.”, 「經上」“盡莫不然也.”, 「經說上」“盡,
但止動.”

103) 楊向奎, 『墨經數理研究』, 山東大學出版社, 1993, p.48.

104) 黃世瑞, 「墨經管窺」, 第二屆墨學國際研討會 發表論文 山東 大學, 1994. 8, pp.9~10.

105) 顔道岸, 「再論墨家學派在科學上的杰出貢獻」, 『墨子研究論 叢』제2집, p.332.

106) 方孝博, 『墨經中的數學和物理學』, 中國社會科學出版社, 1983, pp.72~74 참조. 楊向奎는 머리카락과 실, 거미줄의 화학 성분을 분석하고 분자 구성을 연구해 보면 어떤 성분에 의해 탄력의 대소가 생기며 어떤 구성으로 탄력이 있는가를 알 수 있을 것이라 한다. 또 양자 역학의 연구에 의해 세 물질의 탄성 에 왜 차이가 나는지 그 원인도 알 수 있을 것이라 한다(顔道 岸, 앞의 논문, p.336).

107) 「仲尼」 "髮引千鈞, 勢至等也", 「湯問」 "均髮拘縣, 輕重而髮 絶, 髮不拘也. 其絶也莫絶."

108) 이에 대해서는 조셉 니담의 연구가 참고할 만하다. (橋本萬平 外譯, 『中國の科學と文明』第7卷, 東京, 思索社, pp.34~49)

109) 方孝博, 앞의 책, p.76.

110) 關增建, 『中國古代物理思想探索』, 湖南敎育出版社, 1991, p.177.

111) 1976년 하남성에 있는 안양(安陽)에서 출토된 상대(商代) 만 기(晩期)의 동경(銅鏡)은 조금 도톰한 볼록거울이었다(王錦 光·洪震寰, 『中國古代物理學史略』, 河北科學技術出版社, 1990, p.146).

112) 顔道安, 앞의 논문, pp.333~334에서 재인용. 조셉 니담에 의하 면 묵가의 광학 연구는 그리스에 비해 빠르며 인도는 3세기에 와서야 '느야냐 수트라'에 빛과 거울 등에 대해 연구한 기록이 조금 있다고 한다(『中國の科學と文明』, 第7卷, p.112 참조).

113) 조흥섭 편역, 『현대의 과학기술과 인간해방』, 한길사, 1991, p.29.

114) 『韓非子』「外儲說左上」 "墨子爲木鳶, 三年而成, 蜚一日而敗, 弟子曰, 先生之巧, 至能使木鳶飛."

115) 「魯問」 "公輸子削竹木以爲鵲, 三日不下. 公輸子自以爲至巧.

子墨子謂公輸子曰, 子之爲鵲也, 不如匠之爲車轄."

116) 「備穴」"穿井城內, 五步一井 傅城足. … 令陶者爲罌, 容四十斗以上. 固幎之以薄[革+各]革, 置井中. 使聰耳者, 伏罌而聽之, 審知穴之所在, 鑿穴迎之."

117) 「經下」"負而不撓, 說在勝",「經說下」"負. 衡木. 加重焉而不撓, 極勝重也. 右校交繩. 無加焉而撓, 極不勝重也." 등.

118) 孫中原,『墨子及其後學』, 新華出版社, 1991, pp.27~31 참조.

119) 로버트 템플, 과학세대 옮김,『그림으로 보는 중국의 과학과 문명』, 까치, 1994, pp.150~151 참조. 조셉 니담의『중국의 과학과 문명』을 축약한 이 책에서는 독가스를 사용한 화학전의 기록은 묵가에서 처음 볼 수 있다고 한다. 도시를 포위한 적진에 풀무로 독가스를 뿜어 넣는 방법은 제1차 세계 대전의 참호용 겨자 가스보다 2천 3백 년이나 빨랐다(같은 책, p.367).

120)『呂氏春秋』「去私」참조.

121) 우노세이이치 편, 김진욱 옮김,『중국의 사상』, 열음사, 1986, p.340.

묵자 사랑과 평화의 철학

펴낸날	초판 1쇄 2013년 9월 30일
	초판 2쇄 2018년 6월 28일

지은이	**박문현**
펴낸이	**심만수**
펴낸곳	**(주)살림출판사**
출판등록	1989년 11월 1일 제9-210호

주소	경기도 파주시 광인사길 30
전화	031-955-1350 팩스 031-624-1356
홈페이지	http://www.sallimbooks.com
이메일	book@sallimbooks.com

ISBN	978-89-522-2736-2 04080
	978-89-522-0096-9 04080(세트)

※ 값은 뒤표지에 있습니다.
※ 잘못 만들어진 책은 구입하신 서점에서 바꾸어 드립니다.

이 도서의 국립중앙도서관 출판시도서목록(CIP)은 서지정보유통지원시스템 홈페이지
(http://seoji.nl.go.kr)와 국가자료공동목록시스템(http://www.nl.go.kr/kolisnet)에서
이용하실 수 있습니다.(CIP제어번호: CIP2013018616)

026 미셸 푸코 `eBook`

양운덕(고려대 철학연구소 연구교수)

더 이상 우리에게 낯설지 않지만, 그렇다고 손쉽게 다가가기엔 부담스러운 푸코라는 철학자를 '권력'이라는 열쇠를 가지고 우리에게 열어 보여 주는 책. 권력은 어떻게 작용하는가에서 논의를 시작하여 관계망 속에서의 권력과 창조적·생산적·긍정적인 힘으로서의 권력을 이야기해 준다.

027 포스트모더니즘에 대한 성찰 `eBook`

신승환(가톨릭대 철학과 교수)

포스트모더니즘의 역사와 논의를 차분히 성찰하고, 더 나아가 서구의 근대를 수용하고 변용시킨 우리의 탈근대가 어떠한 맥락에서 이해되는지를 밝힌 책. 저자는 오늘날 포스트모더니즘으로 대변되는 탈근대적 문화와 철학운동은 보편주의와 중심주의, 전체주의와 이성 중심주의에 대한 거부이며, 지금은 이 유행성의 뿌리를 성찰해 볼 때라고 주장한다.

202 프로이트와 종교 `eBook`

권수영(연세대 기독상담센터 소장)

프로이트는 20세기를 대표할 만한 사상가이지만, 여전히 적지 않은 논란과 의심의 눈초리를 받고 있다. 게다가 신에 대한 믿음을 빼앗아버렸다며 종교인들은 프로이트를 용서하지 않을 기세이다. 기독교 신학자인 저자는 이 책을 통해 종교인들에게 프로이트가 여전히 유효하며, 그를 통하여 신앙이 더 건강해질 수 있다는 점을 보여 주려 한다.

427 시대의 지성 노암 촘스키 `eBook`

임기대(배재대 연구교수)

저자는 노암 촘스키를 평가함에 있어 언어학자와 진보 지식인 중 어느 한 쪽의 면모만을 따로 떼어 이야기하는 것은 불합리하다고 말한다. 이 책에서는 촘스키의 가장 핵심적인 언어이론과 그의 정치비평 중 주목할 만한 대목들이 함께 논의된다. 저자는 촘스키 이론과 사상의 본질에 다가가기 위한 이러한 시도가 나아가 서구 사상을 받아들이는 우리의 자세와도 연결된다고 믿고 있다.

024 이 땅에서 우리말로 철학하기

이기상(한국외대 철학과 교수)

우리말을 가지고 우리의 사유를 펼치고 있는 이기상 교수의 새로운 사유 제안서. 일상과 학문, 실천과 이론이 분리되어 있는 '궁핍의 시대'에 사는 우리에게 생활세계를 서양학문의 식민지화로부터 해방시키고, 서양이론의 중독으로부터 벗어나야 한다고 역설한다. 저자는 인간 중심에서 생명 중심으로의 변환과 관계론적인 세계관을 담고 있는 '사이 존재'를 제안한다.

025 중세는 정말 암흑기였나　eBook

이경재(백석대 기독교철학과 교수)

중세에 대한 친절한 입문서. 신과 인간에 대한 중세인의 의식을 다루고 있는 이 책은 어떻게 중세가 암흑시대라는 일반적인 인식을 가지게 되었는지에 대한 물음을 추적한다. 중세는 비합리적인 세계인가, 중세인의 신앙과 이성은 어떠한 관계를 갖고 있는가 등에 대한 논의를 하고 있다.

065 중국적 사유의 원형　eBook

박정근(한국외대 철학과 교수)

중국 사상의 두 뿌리인 『주역』과 『중용』을 철학적 관점에서 접근한다. '산다는 것은 무엇인가?'라는 근원적 질문으로부터 자생한 큰 흐름이 유가와 도가인데, 이 두 사유의 흐름을 거슬러 올라가다 보면 그 둘이 하나로 합쳐지는 원류를 만나게 된다. 저자는 『주역』과 『중용』에 담겨 있는 지혜야말로 중국인의 사유세계를 지배하는 원류라고 말한다.

076 피에르 부르디외와 한국사회　eBook

홍성민(동아대 정치외교학과 교수)

부르디외의 삶과 저작들을 통해 그의 사상을 쉽게 소개해 주고 이를 통해 한국사회의 변화를 호소하는 책. 저자는 부르디외가 인간의 행동이 엄격한 합리성과 계산을 근거로 행해지기보다는 일정한 기억과 습관, 그리고 사회적 전통에 영향을 받는다는 사실로부터 시작한다는 점을 강조한다.

096 철학으로 보는 문화 `eBook`

신응철(숭실대 인문과학연구소 연구교수)

문화와 문화철학 연구에 관심 있는 사람을 위한 길라잡이로 구상된 책. 비교적 최근에 분과학문으로 등장하기 시작한 문화철학의 논의에 반드시 들어가야 할 요소를 선택하여 제시하고, 그 핵심 내용을 제공한다. 칸트, 카시러, 반 퍼슨, 에드워드 홀, 에드워드 사이드, 새무얼 헌팅턴, 수전 손택 등의 철학자들의 문화론이 소개된다.

097 장 폴 사르트르 `eBook`

변광배(프랑스인문학연구모임 '시지프' 대표)

'타자'는 현대 사상에 있어 가장 중요한 개념 중 하나이다. 근대가 '자아'에 주목했다면 현대, 즉 탈근대는 '자아'의 소멸 혹은 자아의 허구성을 발견함으로써 오히려 '타자'에 관심을 갖게 되었다. 그리고 타자이론의 중심에는 사르트르가 있다. 사르트르의 시선과 타자론을 중점적으로 소개한 책.

135 주역과 운명 `eBook`

심의용(숭실대 강사)

주역에 대한 해설을 통해 사람들의 우환과 근심, 삶과 운명에 대한 우리의 자세를 말해 주는 책. 저자는 난해한 철학적 분석이나 독해의 문제로 우리를 데리고 가는 것이 아니라 공자, 백이, 안연, 자로, 한신 등 중국의 여러 사상가들의 사례를 통해 우리네 삶을 반추하는 방식을 취한다.

450 희망이 된 인문학 `eBook`

김호연(한양대 기초 · 융합교육원 교수)

삶 속에서 배우는 앎이야말로 인간의 운명을 바꿀 수 있는 기회를 준다. 그래서 삶이 곧 앎이고, 앎이 곧 삶이 되는 공부를 하는 것이 무엇보다 중요하다. 저자는 인문학이야말로 앎과 삶이 결합된 공부를 도울 수 있고, 모든 이들이 이 공부를 할 수 있어야 한다고 믿는다. 특히 '관계와 소통'에 초점을 맞춘 인문학의 실용적 가치, '인문학교'를 통한 실제 실천사례가 눈길을 끈다.

eBook 표시가 되어있는 도서는 전자책으로 구매가 가능합니다.

㈜살림출판사

www.sallimbooks.com

주소 경기도 파주시 문발동 522-1 | 전화 031-955-1350 | 팩스 031-955-1355